# 羽 球
## 邁向卓越

Tony Grice 著

國家運動訓練中心 策劃
邱炳坤 主編
許明彰 譯

五南圖書出版公司 印行

# Badminton

## STEPS TO SUCCESS

(Second Edition)

Tony Grice

# 總序

　　2015年1月1日，國家運動訓練中心改制為行政法人，正式取得法制上的地位。然而，光是法制上的地位並不足以彰顯改制為行政法人的意義；中心未來是否能夠走出一番新的氣象，為國家運動員帶來更完善的服務，才是國家運動訓練中心最重要的任務。

　　中心出版這一系列運動教學叢書之目的，首先是期待展現中心在運動專業領域的投入與付出；其次，也希望透過叢書的發表，讓基層運動教練、甚至是一般民眾，在學習各種專項運動時都能有專業的知識輔助，進而達到事半功倍的效果，以普及國內的運動風氣。

　　率先出版的第一批叢書，係來自美國Human Kinetics出版商的原文書籍；該叢書多年來，獲得國際的好評。中心有幸邀請到沈易利、李佳倫、吳聰義、廖健男、林嘉齡、鍾莉娟、許明彰、楊啓文、范姜昕辰等國內大專校院的教師，代為操刀翻譯，在此要先表達謝意。

　　除了對九位老師的謝意，中心也要向合作夥伴五南圖書出版公司表達衷心的敬意和感謝。這次出版一系列的翻譯書籍，有勞五南圖書出版公司的專業團隊，協助編輯、校對等等各項細節，使得書籍的出版進度相當順利。

　　緊接著，中心正由運動科學團隊，積極整理近年來，中心在運動科學領域的實務經驗並加以發表，期盼為運動科學的實務留下紀錄。國訓中心希望運動科學的普及化，能透過這些實務分享，落實到每一個運動訓練的角落，為國內運動科學訓練打下良好的基礎。

國家運動訓練中心　董事長

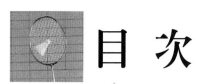 # 目 次

# 登上羽球世界巔峰的階梯

撰寫這本書有我的初衷：第一，敘述、演示和分析我個人教授如何打好羽球的方法，這是一本提供所有層次的羽球選手、高中生、大學生、俱樂部會員以及羽球自學者的指南，整個循序漸進的課程設計，引導你探索羽球世界的奧妙。

同時這也是一本給打羽球的球友們的一本參考書，《羽球：邁向卓越》，能夠協助檢視你的比賽情況，修正缺點，特別強調基本技巧與戰術戰略，分析你在羽球場上的所作所為，這本書對於學習新技巧、評估既有技巧，助益良多。

如果你想達到更高的層次，你必須閱讀、提問、觀察，模仿更有經驗球員的動作技巧，最重要的是努力練習打羽球。《羽球：邁向卓越》，提供了成功的秘訣。您需要添加的唯一元素是你的才華、慾望和個性。我希望這一步一步的過程可以幫助達成你的目標和找到打羽球的樂趣。

在這本書中的11個單元分別介紹從基本技巧到比賽的情境。本書包括超過一百種不同的練習方法，有助於提升你的技巧、練習的效率，並記錄你的進步。各種建議增強或降低練習的方法，讓你可以自我控制符合自己能力水準的進步配速。錯誤的步驟指出一般球員學習羽球所產生的問題，並提供校正問題的建議，好讓你應用在練習或比賽。

在11個單元之後，是我長期比賽和教學經驗中研發的羽球學習程序，每一單元皆有漸進連帶關係，讓你很快變成一位優秀羽球選手。首先學習持拍技巧和步伐的練習，接著發球、正手和反手高位擊球，這些基本技巧是邁向進階技巧如：吊小球。單元九是嶄新的一章，得分策略：探討羽球規則150年來的重大改變，單元十和十一分別介紹成功的雙打比賽和體能訓練。

我希望這本書的出版有助於促使羽球運動邁向另一高峰，羽球是一項不分年齡、男女、老少、好玩有趣的終身運動，它是奧運會比賽項目，也是流行於全世界的運動，深具未來性。

準備好向上攀登了嗎？書本的每一單元將引領你成為更精練的羽球選手，任何人都不可能一步登天，必須是一步一腳印，循序漸進，向下扎根。11個單元的每一單元都是依序轉移而來，前面幾個單元是基本動作介紹，逐漸深入，您將學習到羽球場上成功的必備要素，如何在比賽時做出正確清楚的決策，結合比賽的技巧、戰術，去贏得比賽。當你愈接近階梯頂端時，會發現整個攀登更容易，對自己的羽球能力更具信心，球技更精進，當然就更能快樂地打羽

球。

要成為一位優良攀登者，首先必須熟悉「羽球運動」的介紹之後，才能夠生勝任每個單元練習課題的設計。

每個單元按照以下程序來操作：

1. 首先熟讀相關說明，每一單元內容、單元的重要和如何執行每一單元的重點，或許是基本技術、觀念、策略或是三者的組合。
2. 研讀圖解去瞭解成功操作基本技巧時，身體的正確位置。
3. 檢視錯誤的步驟，提示常犯的錯誤和修正方法。
4. 操作練習、重複的有目的的練習，有助於改善球技，詳讀說明記錄下你

的得分，所有的練習是按照由易入深的進度來安排。這樣的程序順序能夠幫助你達成持續地成功。自己調整練習的配速，無論是增加難度或減低難度，主要是因應自己的能力而定。每項練習都有詳細說明供你參考。

在每一單元的末節，都有一個優秀的觀察者，例如：老師、教練或者一起訓練的隊友來評估你的基本技能。這是很重要的，因為只有運用正確的技巧，才能夠提升你的運動表現。

現在你已經準備好要出發邁向你的羽球技巧、信心的建立、體驗成功和樂趣的旅程了。

# 致謝

我要感謝人類動力學出版公司給的機會分享我的羽球經驗。在此,我特別想感謝來自田納西州、孟斐斯市兩位女士——艾爾瑪、羅安和弗吉尼亞、安德森,她們教我的所有課程,在我就讀孟菲斯州立大學時,就是她們兩位引導我進入羽球世界。

查爾斯·「紅」·托馬斯博士和路易斯安那州的西北立大學還提供我在羽球相關的支持,以及獨特的學習機會。同時我也感謝路易斯安那州立大學什里夫波特校區不斷提供援助和支持。我還要感謝美國羽球協會羽球的推廣與合作。

特別感謝鮑勃·羅德卡布的友誼和對羽球的興趣。我也特別要感謝三位同事促成了這本書的第二版付梓,貢獻自己的思想、觀點和演練方法。來自韓國的淑瑩班,1996年奧運會女子單打金牌得主,提供一些訓練方法和建議,特別是單打比賽。來自美國加利福尼亞州哈摩沙海灘的科特·多米爾博士和加州大學北嶺分校,對於新的計分規則如何影響羽球比賽策略,提供了寶貴的見解和評論。邁克·加梅斯,美國羽球協會的主任和南方羽球協會會長,提供他對羽球技術的先進思想和教練哲學,他對促進美國青少年羽球運動的發展也貢獻卓著,特別是在美國南部。

我也要感謝書中照片的模特兒:Soohyun Bang、Daniel Haston、Murthy Kotike、Jason Gills、Ty Moreno和Cheryl Crain,時間的付出和才華表現參與照片拍攝。

最後,我想將這個新版本《羽球:邁向卓越》乙書,獻給我的四個孩子:Tony, Jr.、David、Casey和Curtis。此外,我要特別感謝我的妹妹和她的丈夫,Ginger和Johnny Berryhill,感謝他們的愛和支持。

# 羽球運動

羽球，世界上最流行的運動之一，它深深吸引各種不同年齡層的民眾和不同技巧的選手，以及男性和女性的青睞，羽球可以在戶外或室內進行，可以是休閒娛樂，也可以是激烈的比賽，羽球本身不太會彈跳，所以它是在空中擊球的一項運動，因此羽球比賽需要有快速反應和優質體能，羽球的參與者也要認識打羽球所帶來社會性、娛樂性和心理上的益處。

羽球是隔網的運動，使用球拍和球，運用擊球技術來變化快、慢和欺騙對方的假動作。事實上，比賽中的來回球的速度可以從每小時一英哩吊球加速到每小時兩百英哩扣殺球，當頂尖選手對決時，羽球被認為是速度最快的場區運動。2007年的全英公開賽，男子雙打的決賽，最多的來回球達到92次，僅僅花了1分8秒，就是最好的說明，每一次擊球過網，大約是四分之三秒。總之，每個人終身運動的目標，無論是單打或雙打比賽，必須要符合個人的需求和能力。

## 羽球史

傳說中，現今羽球的前身眾說紛紜，但是真正羽球的緣起不可考，歷史記載在古中國羽球比賽是使用木質的球拍和一個羽球，十二世紀英國的皇室也有打羽球的記載，十八世紀早期的波蘭和十九世紀後期的印度也都有羽球比賽的紀錄，十一至十四世紀間在歐洲有一種遊戲名稱：球拍與球（battledore and shuttlecock），是使用木製的球拍（bat or batedor），參與者必須要保持羽球在空中，盡可能的來回飛行。

在1860年間，英國的羽球（battledore and shuttlecock）是在葛洛歇斯特雪爾（Gloucstershire）羽球場（Badminton House）舉行，過沒多久，羽球的現代名稱（Badminton）取代了原來的名稱（battledore and shuttlecock）。當時羽球比賽場區為一個沙漏的形狀，中間較兩端狹窄，擊球要有一定的高度，才能保持來回球的順暢，羽球就在這樣奇怪形狀的場地進行，一直到1901年之後，在場地的中間拉了一條線代替現在的網，羽球規則的標準化肇始於1887年，之後在1895和1905年修正了兩次，這些規則仍然主導現在羽球的計分體制，一直到2007年的1月才有另一番的變革。

# 今日的羽球

世界羽球總會（BWF）是負責監督世界羽球比賽的最高行政機關，世界羽球總會原來的名稱為國際羽球總會（IBF），創始於1934年，當初僅有九個會員國，在2007年1月，國際羽球總會採用新的名稱叫世界羽球總會（BWF），現今的世界羽球總會有超過156個會員國和號稱超過5,000萬的羽球運動人口。

男子組的托馬氏盃和女子組的沃博盃是現今世界羽球比賽最高榮譽的錦標賽，比賽的日期是先後銜接，兩個盃賽都是兩年舉辦一次，而且是在偶數年辦理，球員參加世界個人錦標賽，是在偶數年舉辦，托馬士盃和沃博盃亦是在偶數年舉行，世界混雙錦標賽或稱為蘇德曼杯肇始於1989年印尼的雅加達，和世界個人錦標賽同一時期舉辦，世界主要的錦標賽組成世界超級系列賽（World Super Series），球員在每個錦標賽得分加總以後較高者，就取得年終參加世界超級系列決賽（World Super Series Finals）的資格。

在美國，羽球一直以來都是比較不受重視的運動項目，1878年，羽球被引進到紐約之後，整個羽球運動發展得很緩慢，美國人羽球協會（ABA）是美國第一個國家的羽球組織，創立於1936年，美國人羽球協會於1937年在芝加哥舉辦第一次美國羽球錦標賽，1947年舉辦第一個國家青少年錦標賽，美國男子隊於1950年代在國際羽球賽事表現甚佳，曾經數次打進托馬士盃最後一回合，美國女子隊從1957至1966年曾經主導沃博盃的賽事，第一次的全國大學校園錦標賽是在1970舉辦，到了1970年代，職業運動的風潮逐漸興起，但是社會大眾始終認為羽球是一項慢速的休閒運動，當然這是一個不正確的觀念。

近年來，羽球的流行性已經逐漸的增加，美國人羽球協會於1977年改組成美國羽球協會（USBA），羽球運動於1992年在西班牙巴塞隆納主辦的奧林匹克運動會首次成為奧運項目之一，在1988年韓國首爾的奧林匹克運動會羽球仍然是表演項目，當然羽球進入奧運的殿堂對於將來的發展一定有正面的鼓勵，1997年美國羽球協會因為行銷的目的更名為美國羽球（USAB），現今的美國羽球是美國的羽球最高行政單位，隸屬於美國奧林匹克委員會之下的一個組織。

現今，世界頂尖的羽球選手來自中國、歐洲、韓國、馬來西亞和印度，然而美國的男子球員Tony Gunawan和Howard Bach在2005年加州舉辦的世界錦標賽贏得男子雙打的金牌，這是美國第一次的男子雙打冠軍。根據1993年的報告，在美國大約有30萬的網球愛好者，規律的從事羽球運動，大約有76萬的美國人認為羽球是他們最喜愛

的運動。在英國，羽球是參與人口最多的運動，大約200萬註冊的羽球選手，中華人民共和國聲稱有超過1,000萬的羽球選手，2007年1月，國際羽球總會的會員國增加至156個，世界超級系列決賽的獎金在2007年已經超過300萬美金，由此看來，無論是競技型或休閒型羽球的未來，似乎是光明的。

# 場地的面積和界線

羽球單打的場地是44英尺長（13.4公尺）17英尺寬（5.2公尺）（圖1），雙打的場地是44英尺長20英尺寬（6.1公尺），兩邊網柱網高5英尺1英寸（1.5公尺），中間網高五英尺。

標準的羽球場地面並沒有官方的規定，可以是室內或戶外；或許是水泥地、瀝青、紅土、草地、合成纖維或木板地，然而羽球比賽主要還是在室內舉行，也因為現今的大多數大學和學校的體育館都是使用木板場地，因此，木質地面是使用率最高的。

# 設備和器材

從事羽球運動你所穿著的和你所使用的，以及你打球的場館品質和開銷因人而異，建議要穿著運動短褲和上衣、球鞋和球襪，在寒冷的氣候要穿著暖身服裝，許多球員穿著耐龍材質的自由車選手短褲，或在短褲內穿著棉質的襯裡內褲，此外，頭帶、護腕以及毛巾可以幫忙清除臉上、眼睛和手部的汗水，有些選手也習慣穿戴皮質柔軟性的手套，造成較佳的握拍感，同時對手部也有避震的效果。

新穎的、較輕的球拍材質有碳纖維或鈦金屬，通常都是一件式的設計，而且都具備不同程度的硬度，在市面上也有大拍面的球拍，硬式的主要是減少風阻的考量，網線材質通常是耐龍或是合成線，至於握把的尺寸因個人習慣而異，正確的握手握拍，持拍手的大拇指應該壓在中指的第一指節上。

建議先採購中等價位的球拍，決定購買前先試打各種不同品牌的球拍，可能的話先跟友人借來使用，有些體育用品室供應試打的各種樣本球拍，比較之後再決定最適合你的球拍。

羽球的材質有些是天然的或人工合成的，耐龍和羽毛的球是為速度而設計的，耐龍材質的羽球速度通常在羽球頭都標記了色彩橡皮圈，紅色代表快速的，藍色中等速度，綠色比較慢速，通常體育課都使用耐龍的羽球，羽毛的羽球是為錦標賽比賽時使用，羽毛的羽球必須要有16隻羽毛，附著在球的底部，重量在4.74至5.50克之間，當然羽毛羽球的重量決定它的速度，較輕的羽球是為較高的海平面而設計，例如：墨西哥的墨西哥市，較重的羽球是適用於

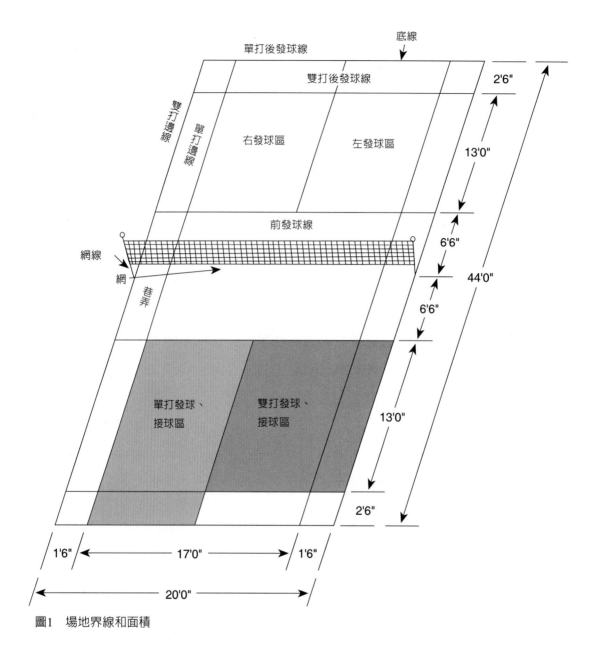

圖1　場地界線和面積

較潮濕炎熱的氣候，比較接近海平面的地區，在測試羽球的速度時，運用低手擊球在後場底線來實施，羽球正確的速度，應該落地的地點距離對方後場底線要少於1英尺9英寸（0.5公尺），不能大於3英尺3英寸（約1公尺）。

## 比賽規則和計分

　　羽球比賽發球權決定方式有擲錢幣、選轉球拍或羽球落地的指向，假如你贏得發球權的決定方式，你就有權利選擇發球或選邊，無論你的選擇是什

麼，你的對手就只能選擇剩餘的選項。

所有的比賽球員一開始都是從右邊的場區來發球，比分是0比0，任何時候你的發球場區都是你之前開始的同一場區，你的得分應該是偶數，發球犯規失1分，並且造成對方取得發球權。

發球時必須是發給對角線的對手場區，發球者的雙腳必須站在正規的場區內，並且在未完成發球前，雙腳不得離地，當接球者準備好接球時，發球者只能夠使用一次低手發球，接球者可以站在接球區內的任何點，但是在發球尚未離手之前，雙腳不能離地，假如發球者已經開始發球動作，接球者就被視為已經準備好了。在每次來回球結束之後，根據得分基數或偶數發球者就必須從正規的場區來發球。裁判報分時，應該以發球者的分數優先報告，假如發球觸網進入對方的合法場內是成功的發球，而且比賽繼續。

無論是單打或雙打比賽，第一次發球都是從右邊發球區開始發球，主要是因為發球者的分數是零分開始，也就是偶數，在比賽期間任何時候，發球者的分數是偶數時（2,4,6,8等），發球都是從右場區來執行。同樣地，當分數是奇數時（1,3,5,7等），發球者應該從左邊場區來發球，所以，發球者的得分決定他發球邊。

在雙打比賽一位隊友是從右邊開始發球，另一位隊友就從左邊開始，你開始發球的場區就是偶數，假如得分是奇數時，你的隊友就應該從他開始的相

反場區來發球，當我方得分時，發球者換至另一發球區發出對角線的球至對方場區，在對手失去發球權時，比數得分就是你的發球場區，假如隊友失去了發球權就換邊發球（side out or service over），就是輪到你的對手發球的時候，無論單打或雙打比賽，每局都是21分的賽制。

單打比賽發球區是長窄型，兩邊邊線的區塊是界外球，後場底線的區塊是屬於界內，發球時必須要超越對方前場發球線，離網6.5英尺（大約2公尺），羽球飛行不得超越後場的底線，球場四邊的界線都屬於場區的一部分，羽球落在線上都是好球，請閱讀單元九來認識單打回發球和贏得單打比賽的策略。

雙打比賽的發球區是短胖型，發球時邊線的巷弄區域是界內球，後場底線巷弄區域則是界外，然而發球之後的比賽後場底線的巷弄區域則屬於界內。發球必須越網至對方的前場發球線，但不能夠超越雙打的後場發球線，單元十針對雙打的回發球和贏得雙打比賽的策略做了一番說明，正規的羽球賽每局21分。

在1990年早期，國際羽球總會曾經嘗試著一種單打、雙打和混雙比賽新的計分法，內容包括每局9分，比賽五局球員贏得三局，就贏得該場比賽。它們沒有採用原始規則內雙方平手時，延長兩分的賽制，這一項新的嘗試只獲得短暫的成功，幾年後還是恢復到舊的計分法，現在的世界羽球總會支持不再

使用舊的計分法，包括每局11分和15分的舊制，國際羽球總會在每年的會員大會投票決定所有國際羽球總會主辦的賽事均採用來回球的計分法。美國羽球協會投票表決決定在他們主辦的排名賽採用同樣的計分法，非排名賽就不受限，建議改變計分法的論點主要是希望羽球隊觀眾和電視更具市場行銷。而且增進一般民眾對羽球的接受度和認識，先前的觀察指出比賽時間或許可以縮減25%，這種來回球的計分方法，要求球員在縮短的賽事必須更機靈而且快速的得分。球員在享受這種刺激和高壓的比賽模式，也必須要調整新的贏球策略。

2016年8月開始生效的簡化新的計分法，國際羽球總會和美國羽球協會均採用該辦法，摘錄如下，對手在下列情況下你贏得來回球和分數：

- 發球失誤。
- 回發球失誤。
- 擊球出界。
- 擊球入網。
- 回擊時造成連擊。
- 比賽時身體或球拍觸網。
- 來球是界內落地好球。
- 刻意地運用球拍持球。
- 想盡辦法來干擾回球。
- 運用雙腳身體或球拍在往下做出不當的干擾動作。
- 越網擊球。
- 運用球拍以外的物體擊球。
- 發球或接球時雙腳沒有貼近地面。

任何得分不算重打的運動術語稱為「let」，這種情況並不常發生，通常都是因為外在的干擾造成的。

## 簡化新的來回球計分辦法

### 計分辦法
- 每一場比賽三戰二勝，每局21分。
- 贏得來回球的一方得1分。
- 在20比20平分時，任何領先2分的一方贏得該局。
- 在29比29平手時，任何先贏得30分就贏得該局。
- 贏得該局的一方，下一局首先發球。

### 中場休息和換邊
- 當任何一方得11分時，雙方球員有60秒的換場時間。
- 每局之間有2分鐘的中場休息。
- 在第三局的比賽，任何一方的11分，雙方球員換邊。

# 暖身和整理運動

足夠的暖身運動是在從事激烈運動前的準備運動，可以舒緩疲勞，一般性的暖身運動繞著場地慢跑或是輕度的徒手操開始，會加速血液的循環，結合向往前跑和離網背向跑，以及面對網的側向滑步，是一般較流行的羽球暖身操。

在你的肌肉升溫到血液循環一定的程度，就可以準備伸展你的上半身、肩膀、背部和腿部，比賽前運作一系列的基本伸展操是必須的，研究報告指出，靜態伸展比起動態伸展要適當，造成運動傷害的機率也較低，每次伸展時間大約20秒。

完成伸展操之後就準備好要擊球，各種類型的擊球5至10分鐘，站在中場和隊友以輕鬆的擊球對練，首先是過頂的正拍和反拍，讓肩膀、上半身和腿部進一步的暖身和伸展，接著側面回擊隊友的來球，面向網站在底線和隊友演練前後跑的擊球練習，進一步和隊友交替練習高遠球、網前小球和扣殺的練習，當隊友低手傳出高遠球時，你站在後場練習網前小球。

每次的激烈運動之後，整理運動可以讓身體逐漸回復到正常的情況，繞著場區慢走5分鐘一直到心跳回復到大約每分鐘100次心跳，然後再重複做一些伸展運動，這樣的整理運動能夠幫助消除乳酸的堆積，並且幫助避免肌肉的疼痛，最近的研究指出，激烈運動前、中

和後飲用運動飲料，對於避免肌肉的疼痛是有幫助的，脫水現象是造成肌肉痙攣的主要現象，所以運動時一定要記得補充足夠的水分。

羽球運動選手是需要具備良好的體能，尤其在實力相當的比賽，體能經常是比賽勝負的主要元素，在調整體能的科目，必須要考量運動、均衡的飲食、足夠的睡眠、休息和訓練。

# 相關資訊

此段落列出羽球相關的訊息提供參考之用，一些羽球的組織，例如：國際羽球總會（BWF）和美國羽球（USA Badminton）都有列出錦標賽的地點，各州組織和地方上的羽球俱樂部，週賽或聯盟比賽的相關訊息，國際羽球總會和美國羽球都有聯絡的網址、電子郵件和電話號碼：

USA Badminton
One Olympic Plaza
Colorado Springs, CO 80909
719-866-4808
usab@usabadminton.org
www.usabadminton.org

Badminton World Federation
Batu 3 1/2 Jalan Cheras
56000 Kuala Lumpur, Malaysia
Tel: +6-03-9283 7155
FAX: +6-03-9284 7155
bwf@internationalbadminton.org
www.internationalbadminton.org

# 圖標注解

---------------→ 　球員行進路線

————————→ 　羽球的飛行路線

A, B, C, D 　球員

█ 　目標區

1, 2, 3 　擊球順序

# 單元一　握拍和步伐

世界前重量級拳王阿里（Muhammad Ali）有一句名言「移位要像蝴蝶飛舞，出拳要像蜜蜂螫人」，這句話道盡羽球比賽時，選手移位和擊球的要領，良好的移位步伐必須儘快向前迎球，就像蝴蝶一樣進入擊球的最佳位置，或者像蜜蜂螫人一樣，保持良好的身體控制和平衡。

本單元是要介紹如何有效的運用雙手和雙腳就準備位置，以及討論各種不同型態的握拍法，正手拍、反手拍或發球等，之後會加上圖解來說明，要習慣球拍握法和移位步伐，必須要經過反覆的練習，以及比賽時的臨場反應。

## 握拍

平常要習慣球拍的重量和手感，比賽時才能充分發揮實力，首先要去學習和感覺球拍與身體之間的距離，這就是眼－手－球拍三者之間協調性的開端，也是擊球的重要元素，初學者經常揮拍卻打不到球，這意味著球感和擊球時間扮演著重要角色，初學者也經常打到球拍框架，或是除了網線中央以外其他部分，練習擊球、擋球、對空擊球或用球拍撿球，都是強調球感和握拍技巧的重要性，要改善眼－手－球拍三者之間的協調性，必須經常練習或運用這個步驟的一些建議方法。

我們經常發現優秀的羽球選手，會不斷的運用雙手把玩球拍，使用輕的球拍比較容易運用手腕的動作來執行前臂的轉動，因此可以用較快的速度來揮拍，除了較輕的球拍以外，輕質羽球也促成使用手腕來掌控擊球動作的可能性，當你揮拍擊球時，拍頭是以絕佳的速度揮擊，擊球時握拍的穩固很重要，但是握拍也不宜過緊，理想的握拍必須是靈活的，讓手腕關節能夠舒適的轉動，並且能夠確保握拍的穩定性。

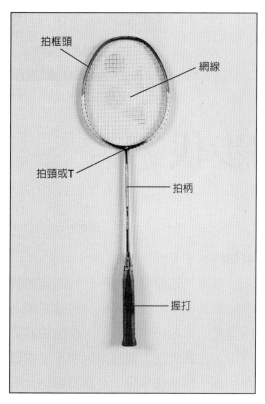

針對反手拍唯一的差異點是，大拇指置於左邊斜面上端，而不是環繞在球拍握把的周圍（圖1.2b），拇指向上的握拍對於所有的反手拍擊球提供更多的支撐力和槓桿作用，稍微的轉動加上手指壓力的轉變能舒緩持拍手的手肘、手腕和手部的壓力，當操作正確的反拍擊球時，以上些微的改變能夠增強擊球的力量和動作的流暢。

**圖1.1　球拍的細部介紹**

## 圖1.2　握手式的握拍

a

b

正手拍

1. 握手的形式去握拍。

2. 向著羽球延展手臂。

3. 運用前臂轉動揮動球拍。

反手拍

1. 握手的形式去握拍。

2. 大拇指向上置於球拍左邊斜面上端。

**錯誤的步驟**

沒有足夠的時間來調整反拍擊球的握拍。

**修正的方法**

運用握手式的握拍,讓你在反拍擊球時,從正拍的握拍些微的轉變過來,反拍擊球時,唯一和正拍不同的是,大拇指置於左邊斜面上端,而不是環繞在球拍握把的周圍。

# 準備姿勢

使用正確的準備姿勢能夠在面對對手回球時儘快決定移位方向,兩腳約與肩同寬面對目標,主導腳稍在非主導腳之前,身體重量置於前腳掌兩膝微彎(圖1.3),球拍頭向上置於身體前方稍微偏向反拍方向,以握手或持短槍形式握拍。

球員準備姿勢因人而異,主要符合自身習慣和需求即可,有些球員雙腳會隨時準備側向、網前或後場迅速移位,此種姿勢在接發球時特別適用,因球員需屈膝前後腳來等待對手發球(單元二有介紹更多發球資訊),處於此種回發球準備姿勢,主導腳應在後方而非主導腳在前方,球拍之握拍在雙打時通常較單打時高,此種高位握拍法,球員對於處理對手短發球之反應會更迅速。球員

圖1.3　準備姿勢

在發長球後,準備姿勢為雙腳面向目標,主導腳稍較非主導腳之前約6英寸(1.5公分)。

**錯誤的步驟**

球員未擊中球使其飛過頭。

**修正的方法**

當在決定對手回球方向時,保持球拍向上迅速移位。

單元一　握拍和步伐

## 準備姿勢練習

　　準備姿勢時雙腳保持與肩同寬，兩膝微彎且身體重量置於前腳掌，兩人一組且隊友間相互檢視姿勢正確與否，參考圖1.3，並重複5次練習。

### 成功的檢查點

- 球拍頭向上稍偏向反手拍。
- 舉起非慣用手微彎。

- 雙腳與肩同寬，重量前移至前腳掌。

# 移位

　　羽球比賽時移位擊球為基本動作，優良的步伐重點在迅速移位至球點，保持良好身體控制與平衡，球員在場上可應用以下移位技巧。

### 併步移位（圖1.4）

　　準備姿勢時非主導腳為軸心腳，主導腳可另稱為持拍腳或引導腳，延展持拍手及主導腳向球之擊球動作，可增加反應時間，主導腿之登地動作可協助球員迅速還原至準備姿勢，當球員向前或向後移位時需變向移位，應跨出主導腳並同時延伸球拍來擊球，運用前場或後場之對角線移位作為練習目標，無論是正手或反手擊球，皆以前導腿引導側併

a　　　　　　　　　b　　　　　　　　　c

圖1.4　側併步移位

步或滑步，朝目標方向移動。

## 前後滑步移位（圖1.5）

　　前後滑步移位之運用，主要為球員向前滑步至網前或向後移動至後場區，而迅速滑步移位至後場區之反手位置也是練習方法之一，即是替換軸心腳並運用主導腳引導滑步至後場反拍位，正手拍之過頂擊球或回球時，臀部及肩膀應迅速轉動去揮拍擊球，腿部交叉以主導腿向前跨出且非主導腿向後踏出，落地時緩衝身體之反作用力，且回至中場。

　　球員從準備姿勢向球網迅速移位時，並決定回擊球之方向而運用非主導腿向前對角線踏出前右或前左方，且主導腿向前跨步朝著來球方向躍出，此兩

步驟之操作，可促使球員向著網前快速移動，並讓主導腿及腳之蹬地動作而使球員回至中場。

## 墊步（圖1.6）

　　從準備姿勢開始，非主導腳為軸心腳，主導腳則為引導腳，轉向向前或向後對角線移位，依舊為主導腿引導，但不可使用前後滑步或併步，應在第二步時運用墊步，也就是將非主導腳朝移位方向移至前腳後方，此動作能使選手較快移位至網前，選手須回至中場並運用先前的三步模式擊出正拍或反拍球，在後場時，選手可運用腿部的剪刀動作即前後腳滑步快速回至中場。

a

b

c

圖1.5　前後移位

a

b

c

圖1.6　滑步

## 三步模式回到中場（圖1.7）

　　此動作可使球員離網移位更快速且更遠，無論是正手回球或反手回球，球員皆須快速回位置中場，並運用三步模式：將主導腿及非主導腿交替向後移動，正手拍之過頂擊球或回球時，臀部及肩膀應迅速轉動去揮拍擊球，腿部交叉以主導腿向前跨出且非主導腿向後踏出，落地時緩衝身體之反作用力，且回至中場並恢復準備姿勢。

羽球
邁向卓越

a                    b                    c

圖1.7　三步模式回到中場

## 步伐練習一　拖步—滑步影子練習

　　從準備姿勢開始，非主導腳爲軸心腳，主導腳爲引導腳，運用慣用手和腿延伸向前擊球，而慣用腿之蹬地動作能協助身體快速恢復至準備姿勢，轉身向網前移位並拍擊網前小球，對角線之交替移位至右場或左場區，練習正拍握法及反拍握法之轉換，無論是正拍或反拍擊球時皆以慣用腿主導並運用併步前後滑步向著目標方向移位，運用三步模式回至中場。

### 成功的檢查點

- 揮動慣用手及腿來擊球。
- 從正手拍握法轉換至反手拍握法。
- 回至中場。

| 操作成功的給分 |
| --- |
| 持續練習5分鐘 = 5分<br>你的總分：_____ |

## 步伐練習二　地心引力之影子步伐

　　當球員需要加速或移位至較遠距離的網前時，稍改變動作可使地心引力協助加速或變換方向，替代準備姿勢可用慣用腿當軸心，且球員朝相反方向向後移位，此動作會導致球員在地心引力之助力下朝目標方向移位，通常慣用腿之蹬地動作，能使球員迅速回復至準備姿勢，當球員將非慣用腳向前移動且雙腳著地向後傾斜時，雙腳蹬地之動作將協助地心引力使球員迅速變向移位，以對角線向網前移位並運用慣用手交替使用正手握拍或反手握拍，無論正拍或反拍皆可運用慣用腳引導的併步朝目標方向移位，延展球拍來揮擊網前小球且將非慣用腳向後拉即可迅速回至中場。

成功的檢查點

- 向網前移位時，正手及反手握法交替運用。
- 運用併步時以慣用腿引導。
- 回復至中場。

## 步伐練習三　墊步之影子步伐

採取準備姿勢，非慣用腳為軸心腳，慣用腳為引導動作，轉向網前對角線移位，交替運用正拍或反拍握法來處理網前小球，與前面相同使用主導腿引導而非前後滑步或併步，且在第二步時使用墊步，即是非慣用腳置於前腳後方且較靠近網前，此動作可移的更快且更遠至網前，重複網前正拍及反拍之回球練習，並運用三步模式回至終場。

成功的檢查點

- 對角線向網前移位。
- 正手及反手握法交替運用。
- 運用墊步及慣用腿引導。
- 回復至中場。

## 步伐練習四　步伐及動作

從中場準備姿勢開始，連續地移位觸擊場區四角落，在每次觸擊後需回至中場位置（圖1.8），轉向運用慣用手及腿並使用併步之滑步動作，只有在反

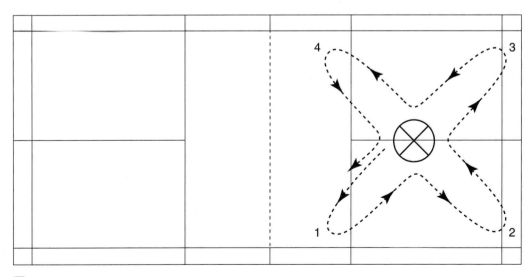

圖1.8

手邊時才使用交叉步，練習需持續30秒。

## 1. 增加難度

- 在30秒內操作最多次擊球。
- 每次練習後模擬揮拍擊球。
- 運用慣用手空手觸擊地面。
- 運用墊步代替正常併步移位。
- 轉身併步躍起模擬擊球動作並回至中場，此躍起動作需更多能量且球員需嘗試保持身體控制及平衡，特別在躍起落地時。

## 2. 降低難度

- 放慢步伐、走路或放慢滑步速度。

## 3. 成功的檢查點

- 延展慣用手。
- 運用慣用腳引導。

| 操作成功的給分 |
| --- |
| 30秒內觸擊四個角落20次以上 = 5分 |
| 30秒內觸擊四個角落15～19次 = 3分 |
| 30秒內觸擊四個角落10～14次 = 1分 |
| 你的總分：＿＿＿＿＿＿ |

# 準備擊球

　　球員站好準備姿勢後，需注視對手揮拍動作，且預測每次球之行進路線，來回球之落點鮮少為飛行至球員位置，大部分的球是在移動中做揮擊，球員須採用小跳步或滑步到位擊球，且在每次回擊後須迅速回至中場，但在對手回擊後須瞬間停下腳步判斷對手可能擊球意象，而對手擊球時則不應再繼續移位，通常從靜止狀態下比起變相移位較容易有效擊球。

　　當對手準備擊球時應注視其揮拍動向及球之可能行進方向，並做出立即判斷後才可移位（圖1.9a），不宜過早猜測，一旦掌握回球之方向及位置後，可運用慣用腳滑步或併步就位擊球，在反拍擊球時保持雙腳著地並使用交叉步伐移位但不適用正手拍擊球（圖1.9b）。

　　當向網前移位時通常運用慣用腿引導前進，蹬地移位至中場（圖1.9c），將非慣用腳向前踏出置於慣用腳附近，並向後傾斜，繼起之雙腿蹬地動作對於變向有極大幫助，且可加速回到中場。

圖1.9　準備姿勢及步伐

## 1. 準備層面

- 兩腳與肩同寬。
- 保持腳趾向前。
- 雙腳平行或稍微前後腳。
- 屈膝。
- 身體重量置前腳掌。
- 球拍向上。
- 採用握手式（持短槍）握拍。
- 雙眼注視來球。

a

## 2. 執行層面

- 注意對手及來球動向。
- 轉身。
- 慣用腳引導側步或滑步移位。
- 只有在反手拍時使用交叉步。

b

## 3. 跟進層面

- 慣用手及腳向前延展。
- 雙腳蹬地擊球後。
- 迅速回至中場。
- 在反手拍位置重複三步模式。
- 保持身體平衡。

c

上網時，慣用腿疲倦未能及時跟上。

修正的方法

引導腿和跟隨腿向上提拉，並且雙腿向後蹬，將身體的重量平均分配在兩腿中間。

練習時經常會疏忽了握拍、準備姿勢和在場上的移位問題，很少球員去注意到比賽中的這部分細節，球拍應該是手的延續，握拍應該很扎實和穩固，且是不假思考，球員的回復動作也是要機械化，就是很自然的每次擊球後就回到中場位置，多花點時間在練習上，來改善場上動作的速度和效率。

錯誤的步驟

未能完整的回復至準備姿勢，導致擊球不穩定。

修正的方法

加強體能訓練，才能在場上迅速的移位，疲勞通常都是造成不穩定的原因，每次擊球後在對手回球前迅速回到中場，在對手擊球時，盡可能注視著球的動向，要聚焦在對手球拍擊球的瞬間，而不要注視對手上半身的動作。

## 球拍和控球練習一　握手式握拍

運用球拍握把學習握手方式的握拍和隊友輪替做練習，首先面對球拍的邊緣，握住球拍握把就像是握手一樣，讓球拍滑至你的手中，食指和其他四指稍微的分開，這個姿勢就像短槍扣板機的動作，當處於握手式的握拍時，球拍握把應該是在手掌和手指之間，大拇指和食指形成一個勝利的標誌（V）至於球拍正上方，這個握法幾乎和網球的東方式握拍相同，隊友之間互相檢視握拍的方法是否正確，重複5次的練習。

### 1. 增加難度

• 閉上眼睛來操作短槍式的握拍，要求隊友或教練檢查握拍是否正確，並進一步修正。

• 將大拇指置於握把左面的上方，轉變到反拍的握拍。

### 2. 成功的檢查點

• 握拍時球拍和地面垂直，握把底部朝下。

• 在球拍的握把上方形成一個勝利的標誌（V）。

• 穩固的握住球拍。

| 操作成功的給分 |
| --- |
| 5次完整握拍 = 5分 |
| 3或4次完整握拍 = 3分 |
| 1或2次完整握拍 = 1分 |
| 你的總分： |

## 球拍和控球練習二　對空擊球

拍面朝上反覆對空擊球（圖1.10），交替運用拍面的兩面，將球垂直彈擊，這動作強調雙眼要注視著球，來培養球和拍面觸擊的球感，持續的練習到你能夠掌握到空中擊球的動作為止，完成30次連續的掌心向上對空擊球，以及30次連續的掌心向下對空擊球。

### 1. 增加難度

- 交替的以掌心向上和掌心向下的擊球。
- 球必須要彈離拍面3至4英尺（約1公尺）。

### 2. 成功的檢查點

- 運用球拍網線的彈擊對空擊球。
- 對空擊球約1～2英尺（0.5公尺）。

圖1.10　對空擊球

對空擊球 = 1分

你的分數：_____

完成20次以上連續的掌心向下對空擊球 = 5分

完成10～19次以上連續的掌心向下對空擊球 = 3分

完成1～9次以上連續的掌心向下對空擊球 = 1分

你的分數：_____

你的總分：_____

#### 操作成功的給分

完成20次以上連續的掌心向上對空擊球 = 5分

完成10～19次以上連續的掌心向上對空擊球 = 3分

完成1～9次以上連續的掌心向上

## 球拍和控球練習三　撿球

掌心朝上嘗試著以球拍面去撿地上的羽球，球拍面置於球邊幾乎與地面平行（圖1.11），迅速滑拍至球的底部，類似挖冰淇淋的動作，右手球員通常是從球的右邊來操作此動作，重複5次的練習。

圖1.11　撿球

1. 增加難度
- 從地面撿球拋至空中，運用另一隻手來接球。
- 掌心朝下或是反拍握法的持拍來撿球。
- 從球的左邊和右邊來撿球。

2. 降低難度
- 球的羽毛向下球頭向上置於地上，球坐立地面比較容易上手。

3. 成功的檢查點
- 球停留在拍面。

## 球拍和控球練習四　拋接球

掌心向上握拍球置於拍面，將球對空擊出2至3英尺（0.6～1公尺），當球下墜時掌心朝上運用拍面去接球，拍面置於下墜球體的底部去接球，要去緩衝自由落體現象球帶來的動量，不要造成彈跳的現象，完成5次的拋和接。

成功的檢查點
- 檢查握拍確定是正確握拍方法。

- 球停留在拍面上。

## 球拍和控球練習五　帶球

掌心朝上球置於拍線上，握好球拍從後場線運用併步向網前移動（圖1.12），以慣用腳引導移位，非慣用臂置於體側幫助平衡。

圖1.12　帶球

1. 增加難度
- 快速持球從後場線移位至網前，盡可能球不離開拍面。
- 持球的情況下和隊友比賽，從後場線移至網前再回去。
- 以反拍握法持球，從後場線移位至網前。

2. 降低難度
- 放慢速度從後場線走至網前再回去。

3. 成功的檢查點
- 運用握手式握拍。
- 掌心朝上。
- 以慣用腳來引導。

完成從後場線移位至網前未掉球的

情況下 = 5分

完成從後場線移位至網前只掉一次球的情況下 = 3分

完成從後場線移位至網前掉兩次球的情況下 = 1分

你的總分：_____

---

# 成功的結論
# 握拍和移位步伐

假如你能夠不假思考去握拍，在場區隨意移位進入準備姿勢，就意味著你已經進階到一位更優秀的羽球選手，較輕的羽球拍比較適合運用更多的手腕動作，來產生較大速度的擊球，羽球重量較輕，讓選手更加善用腕力而不失控，這也指出在觸球當下必須要穩固握拍，握手式的握拍手腕比較靈活不費力。

在羽球場上的動作，保持身體的控制和平衡時，如何盡可能運用較少的步

| | | |
|---|---|---|
| **準備姿勢練習** | | |
| 1. 準備姿勢 | 5分得____ | |
| **移位步伐練習** | | |
| 1. 拖步、滑步和影子移位步伐 | 5分得____ | |
| 2. 地心引力影子步伐 | 5分得____ | |
| 3. 滑步影子步伐 | 5分得____ | |
| 4. 移位步伐和動作 | 5分得____ | |
| **握拍和控球練習** | | |
| 1. 握手式握拍 | 5分得____ | |
| 2. 對空擊球 | 10分得____ | |
| 3. 撿球 | 5分得____ | |
| 4. 拋接球 | 5分得____ | |
| 5. 帶球 | 5分得____ | |
| **總分** | **55分得____** | |

驟來完成擊球動作，是主要課題，透過不斷練習，正確的步伐會逐漸變成習慣且成為比賽的一部分。在你進入下個單元之前，記錄下此單元練習的得分。

假如得分在40分以上，你就準備好可以向下個單元前進，得分少於40分就困難的部分重複練習，最好是教練、指導者或有經驗的隊友幫忙評估技巧。

在單元二你將學習到發球，發球在羽球來說是最重要的擊球，對於接球者或發球者來說，都是得分必備的動作，正確的發球動作往往是贏得羽球比賽的關鍵。

# 單元二　發球

　　羽球採用新的計分方法之後，發球者就不再有原來的優勢，事實上，許多球員認為發球是一項防守技巧，而且拍頭必須手腕以下的位置，擊球必須在腰部以下，因此寧願選擇接、發球，發球時是一種上升拋物線的狀況，因此就製造了接球者衝向往前擊球或扣殺的機會，當然發球者也可能造成失誤送給對方得分的機會，選擇發球和回發球一些新的策略，在單元九將會進一步的討論。

　　羽球中的發球有點類似股票市場中的經紀人，一位好的經紀人會提供有利的資訊，造成你良好的投資報酬，好的發球在羽球來說，也是得分和贏得比賽較佳的機會。

　　合法的發球球拍必須向下，觸球點必須在腰部以下，整個拍頭在擊球前也必須低於持拍手。每次的來回球都是以低手發球開始，因此，它或許是羽球中最重要的一種擊球法，發球不好就很難持續地得分，許多球員也經常和隊友搭檔來練習發球的要領。

　　發長球是基本打法之一，這種發球法將球打得高又深遠，當然球必須要越網而過儘量落在靠近後場線的位置，這樣的話就造成對手的回球時間和擊球的穩定性困擾，當然效率就差一點。發短低球是在雙打比賽時最常使用的打法，因為雙打發球區比單打的發球區短30英寸（76公分），窄18英寸（46公分），因此發低球在雙打比賽似乎是比較有效的，低手發球可以是正手或反手來擊球，其他的發球方法還有平抽發球和彈擊發球，以上兩種發球法會造成對手在回球時準備時間較倉促，因而失分。當然這兩種發球法都是向上擊球，球員在運用這種發球法時最好是能夠出奇不意，稍後以及單元九和單元十會進一步探討回發球的策略。

# 發長球

發長球和低手正手拍擊球動作類似，站在靠近中線的位置大約在前發球線後面4～5英尺（1.2～1.5公尺），處於這個位置就接近中場，距離四個角落也大致相同，雙腳應該前後分開站立，慣用腳置於後方（圖2.1a），運用非慣用手的大拇指和食指抓住球的中心，延展在身體前方約腰部的高度，握好球拍以向後揮拍的姿勢，手和手腕上曲起。

**錯誤的步驟**

持續發球過長出界。

**修正的方法**

準備位置的起始點向後移較靠近場區的中央。

擊球時身體的重量迅速從後腳轉移到前腳，球拍向下在大約膝部高度（圖2.1b）擊球，前手臂的轉動和手腕的動作是力量的來源，跟進動作要球拍向上，和球的行進路線成一直線，整個動作完成於非慣用手肩膀前方（圖2.1c）。

**圖2.1** 發長球

**準備層面**

- 運用握手式握拍。
- 採用前後腳分立的站姿。
- 持球在腰際高度。
- 身體重量置於後腳。
- 持拍手臂向後拉拍。
- 手腕上曲。

a

**執行層面**

- 重量轉移。
- 運用前臂內轉和手腕動作。
- 大約膝部高度觸球。
- 執行高、遠發球。

b

圖2.1　發長球（續）

跟進層面

- 完成動作時球拍向上和球的飛行路線一致。
- 身體前方揮拍至非慣用手肩膀前。
- 轉臀和肩膀。

c

 錯誤的步驟

經常發球掛網。

修正的方法

將拍面微微的向上來引導發球至較高的抛物線。

## 發球練習1　懸掛線上的球

　　將球懸掛在一條大約長36英寸（92公分）的線上，線綁著在兩個網間懸掛，羽球懸掛在大約膝部高度給初學者練習，初學者偶爾在低手發球時經常無法有效的擊球，因此線上懸掛的球對初學者來說，可以無限制次數的定點練習，擲拍臂向後延伸手和手腕上曲，擊球時身體重量重後腳轉移至前腳，在膝部的高度擊球，球會在網線上飛來飛去，球員就不需要去撿球，每次練習只要將球從懸擺的球固定下來，再重新操作，練習10次的正手發長球。

1. 增加難度

- 以非慣用手持球，將球放下嘗試在球

下落時，用手去觸球，在發球區放置一目標物（例如：外角）。

- 加長懸掛的繩子來降低擊球點。

2. 降低難度

- 縮短繩子的長度，提高觸球點。

3. 成功的檢查點

- 以前後角開立姿勢，向後引拍。
- 揮拍時，身體重量向前轉移。
- 在膝部高度觸球。

### 操作成功的給分

　　運用線上懸垂的球擊出10次以上的正手發長球＝5分

　　運用線上懸垂的球擊出5～9次的

正手發長球 = 3分　　　　　　　　正手發長球 = 1分

　　運用線上懸垂的球擊出1～4次的　　　你的總分：＿＿＿＿＿

## 發球練習2　發長球

　　握手式握拍站在靠近中線，前發球線後方每邊30次的發長球，好的發球應該要落在對方對角線的發球區內，剛好超過雙打後發球線（圖2.2）。隨時調整發球的啓動位置，嘗試著儘量發球至中場位置，假如發球超越了後場線調整，將啓動位置至前發球線的後方，假如發長球經常發球過短，可以加強臀部和肩部的旋轉。需要的話可以提高球的飛行高度，儘量讓球落在靠近對方的後場線上。

### 1. 增加難度

- 運用較重的球拍，例如網球：拍有較大的擷抗力。
- 運用球拍套等辦法來增加擷抗力。

- 使用較輕的球（綠帶、藍帶）。

### 2. 降低難度

- 靠網發球。
- 運用較輕的球拍，增加揮拍速度、擊球較快。
- 運用飛行較快的球（紅帶）例如：戶外球。
- 對牆擊球直到能夠掌握擊球要領為止。
- 兩網之間懸垂球在線上，約膝部高度，練習第一手發長球，一直到穩定的掌握觸球的技巧為止。

### 3. 成功的檢查點

- 兩腳前後開立。
- 發球時轉動臀部和肩膀，快速的旋轉

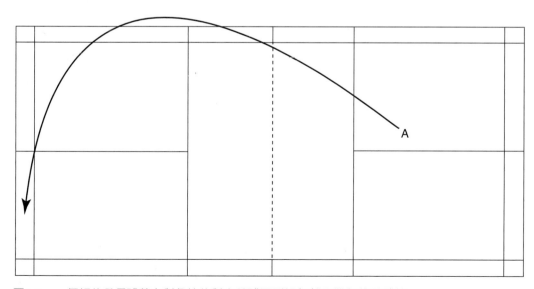

圖2.2　一個好的發長球落在對角線的對方發球區剛好超越了雙打後發球線

前臂和手腕。

• 平抽發長球高而遠。

操作成功的給分

30次好的正手發長球 = 10分

# 發短球

　　發短球的準備姿勢和發長球一樣，唯一的不同是站的位置比較靠近前發球線，大約是在6英寸（15公分）左右，持拍背以相同的向後引拍姿勢，手和手腕上曲（圖2.3a），擊球時身體重量從後腳轉移到前腳，球拍向下在腰部高度以下擊球，當向前擊球時，幾乎沒有手腕動作，因為球是推擊過網而不是擊球（圖2.3b）。跟進動作很短，球拍完成動作和發球方向一致（圖2.3c）。

## 圖2.3　正手發短球

### 準備層面

• 運用握手式握拍。

• 採用前後腳開立姿勢。

• 持球在標記高度。

• 持拍臂向後拉拍。

• 手腕上曲。

a

### 執行層面

• 身體重量由後轉向前。

• 幾乎沒有手腕動作。

• 在大腿高度觸擊。

• 推擊球。

• 貼網發球。

b

單元二　發球

圖2.3　正手發短球（續）

## 跟進層面

- 球拍向上完成動作和球飛行方向一致。
- 揮拍橫越身體前方至非持拍手肩膀前。
- 臀部和肩膀轉動。

c

---

　錯誤的步驟

發短球時，持續的發球過高。

### 修正的方法

壓低拍面角度擊出較平的拋物線球。

## 反手發短球（圖2.4a～c）

　　反手發短球時，正面以前後腳開立的姿勢來發球，反手發短球的優點有：

1. 球的飛行距離較短。
2. 球越網至對手的時間較快。
3. 球的顏色會傾向於跟選手服裝混淆，造成掩飾作用。

　　有些選手在反手發球時，是用腳尖站立來發出較平拋物線的球。

圖2.4　反手發短球

## 準備層面

- 應用握手式握拍。
- 採用正面以前後腳開立姿勢。
- 持球在腰際高度。
- 體重置於兩腳間。
- 向後拉拍。
- 手腕上曲。

a

圖2.4 反手發短球（續）

## 執行層面

- 身體重量置於前腳掌或是腳趾頭。
- 幾乎不使用手腕動作。
- 在大腿高度觸球。
- 推擊球。
- 發出靠網短球。

b

## 跟進層面

- 球拍向上與球的飛行方向一致。
- 揮拍超越身體前方至非持拍手的肩膀前。
- 轉動臀部和肩膀，雙背上舉。

c

### 錯誤的步驟
發球前心生恐懼和不安。

### 修正的方法
發球時，盡可能全程聚焦在球上，試著注視揮拍時球的飛行動作，而不要去注意對手的身體動作。

## 發球練習三　發短球

採用握手式握法，占位靠近中線及前發球線之後方，從左右發球區各執行30次正拍發短球，好的發球應落在對手發球區之前發球線內（圖2.5），球員占位應儘量靠近前發球線，若經常發球掛網，可向後移位，而若為持續發球過短，則發球時持球手向前延伸擊球，此可縮短球和對方場區距離，並將球引導至T點（前發球線及中線交點）是兩點間最短距離，運用反手發短球，從

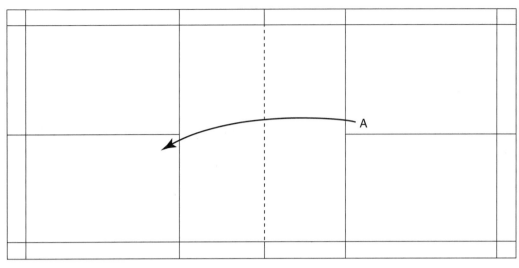

**圖2.5 好的短發球，球落點應靠近對方前發球線**

發球區另一邊重複發球30次，當運用反手發短球時以墊腳尖方式從較高位發球，採用此姿勢發球，球較平但仍進入對方發球區。

**1. 增加難度**

- 從靠近中線或發球區邊線外圍輪替發短球。
- 嘗試閉眼發反拍短球，去體會球感。

**2. 降低難度**

- 從較靠近前發球線發球。
- 持拍臂屈肘縮短槓桿。
- 若發球過短可使用速度較快之球（紅帶），例如：戶外用球。
- 若發球過遠可使用速度較慢之球（綠帶及藍帶）。

**3. 成功的檢查點**

- 正手拍發球採用前後腳開立站姿，反手拍發球採用兩腳平行正面發球。
- 正手發球時，球約在腰際高度拋球，而反手拍則是在球拍前放球。
- 正手拍發球，擊球點約在大腿高度，而反手拍在臀部高度。

**操作成功的給分**

30次成功正手發短球 = 10分

20～29次成功正手發短球 = 5分

10～19次成功正手發短球 = 1分

你的分數：＿＿＿＿＿＿

30次成功反手發短球 = 10分

20～29次成功反手發短球 = 5分

10～19次成功反手發短球 = 1分

你的分數：＿＿＿＿＿＿

你的總分：＿＿＿＿＿＿

羽球

邁向卓越

## 發球練習四　繩子下方

在網上18英寸（46公分）拉一條繩子與網平行，發短球越過繩子下方進入發球區，嘗試發短球至T點，即中線與前發球線交點，此為和接球者間最短距離，亦可使球更快抵達對方場區，導致縮短對手回球時間，亦使對手回球角度受限，操作發短球正手及反手各10次，另操作正反手交替10次發短球。

### 1. 增加難度
- 在發球區放置目標物（如角落外緣）。
- 降低繩子高度使發球面較窄。

### 2. 降低難度
- 提升繩子高度使發球面較大。
- 從離網較遠位置發球。

### 3. 成功的檢查點
- 以前後腳開立姿勢靠近前發球線占位。
- 揮拍時身體重量置於前腳。
- 在腰際高度下觸球。

### 操作成功的給分

至少6次以上運用正手發球穿越繩子下方並進入對手場區 = 5分

4或5次以上運用正手發球穿越繩子下方並進入對手場區 = 3分

2或3次以上運用正手發球穿越繩子下方並進入對手場區 = 1分

你的分數：＿＿＿＿＿＿

至少6次以上運用反手發球穿越繩子下方並進入對手場區 = 5分

4或5次以上運用反手發球穿越繩子下方並進入對手場區 = 3分

2或3次以上運用反手發球穿越繩子下方並進入對手場區 = 1分

你的分數：＿＿＿＿＿＿

至少6次以上運用正反手交替發球穿越繩子下方並進入對手場區 = 5分

4或5次以上運用正反手交替發球穿越繩子下方並進入對手場區 = 3分

2或3次以上運用正反手交替發球穿越繩子下方並進入對手場區 = 1分

你的分數：＿＿＿＿＿＿

你的總分：＿＿＿＿＿＿

# 平抽發球和彈擊發球

當發短球不穩定或對手已預測發球意象時，建議運用平抽發球和彈擊發球，使對手不敢輕舉妄動。

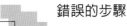

**錯誤的步驟**

接球者洞察發球意象並成功回發球。

**修正的方法**

混合運用各種發球方法，無論方向、落點或種類皆可。

　　平抽發球（圖2.6a～c）是一種平又低的發球方式，通常是將球發到對手反手位置，它的優勢是快速和出奇不意，持拍臂向後拉開，手和手腕上曲，擊球時身體重量從後腳轉移到前腳，球拍朝下在腰際高度擊球，當持拍手向前揮拍時，運用前臂的轉動和手腕動作用力的揮拍，跟進動作比發短球要久，完成揮拍動作時球拍朝上和發球方向一致，平抽發球和彈擊發球經常是遊走在犯規邊緣（例如：觸球點高於腰際），當然選手應該儘量避免不合法的平抽發球或彈擊發球，發球時，觸球瞬間球拍頭必須高於持拍手的任何部位或是高於腰際的高度。

---

**圖2.6　平抽發球**

a

**準備層面**

- 應用握手式握拍。
- 採用前後腳開立姿勢。
- 持球在腰際高度。
- 體重置於後腳。
- 向後拉拍。
- 手腕上曲。

b

**執行層面**

- 重量轉移。
- 運用強力的手腕動作和前臂轉動。
- 在大腿高度觸球。
- 擊球快低平。

圖2.6　平抽發球（續）

## 跟進層面

- 球拍向上與球的飛行方向一致。
- 迅速完成揮拍動作恢復到準備姿勢。
- 雙臂上舉，準備快速回擊。

c

### 錯誤的步驟
發球不穩定、容易疲倦、缺乏自信。

### 修正的方法
鍛鍊良好的體能和專注力，疲倦通常是不穩定的主因，心理層面和體能鍛鍊能夠改進穩定性和自信心。

　　彈擊發球有點類似發短球，不同之處是快速的延展手腕（圖2.7a～c）持拍手上曲向後拉觸球時身體重量從後腳轉移到前腳向前揮拍在腰際的高度觸球，向前揮拍時運用強力的手腕動作將球擊高超越對手能夠回擊的高度，跟進動作的時間較長和平抽發球相同。

## 圖2.7　彈擊發球

## 準備層面

- 應用握手式握拍。
- 採用前後腳開立姿勢。
- 持球在腰際高度。
- 體重置於後腳。
- 向後拉拍。
- 手腕上曲。

a

27

圖2.7　彈擊發球（續）

b

c

執行層面

- 重量轉移。
- 運用強力的手腕動作和前臂轉動。
- 在大腿高度觸球。
- 發高球讓對手無法觸擊。

跟進層面

- 球拍向上與球的飛行方向一致。
- 迅速完成揮拍動作恢復到準備姿勢。
- 雙臂上舉，準備快速回擊。

---

錯誤的步驟

接球者站位太靠近前發球線讓發球者成功的平抽發球或彈擊發球。

修正的方法

改變接發球的位置，在前發球線後方大約2～3英尺（0.6～0.9公尺）。

錯誤的步驟

發球時揮拍擊球失誤。

修正的方法

懸掛球在一條線大約在膝部高度。

　　操作數次的揮拍練習，可以縮短揮拍的弧度、縮短握拍或從較低的高度擊球，反手邊的平抽發球和彈擊發球也都有效率，因為這兩種發球法都是瞬間在觸球前變化配速，這個動作有助於讓對手驚嚇，因為準備動作和反手發短球一樣，同時也有欺敵效應。

## 發球練習五　平抽發球和彈擊發球

　　運用握手式握拍站在靠近中線，前發球線的後方（圖2.8），在發球區的兩邊各發30次正手抽球和反手彈擊球，平抽發球是一種平又低的發球方式，通常是將球發到對手反手位置，彈擊發球是一種弧圈式的深遠發球方式，通常是將球發到對手反手位置，好的發球應落在對手發球區之前發球線內，球員占位應儘量靠近前發球線，若經常發球掛網，可向後移位，而若為持續發球過短，則發球時持球手向前延伸擊球，此可縮短球和對方場區距離，必要時，提升球的飛行高度超越對手能夠回擊的高度，並且儘量落在後場線附近，用反手方式重複練習。

### 1.增加難度
- 交替的發球練習至靠近中線位置以及至邊線的弄區。
- 正手拍發球及反手拍發球交替練習。
- 正抽發球和彈擊發球交替練習。

### 2.降低難度
- 離網較遠的位置發球。

- 運用較輕的球（紅帶）。

### 3.成功的檢查點
- 低手發球。
- 腰際高度放球。
- 運用強力的前臂轉動和手腕動作來揮拍。
- 在大腿高度觸球。
- 平抽發球是快、低、平；彈擊發球是弧圈式超越對手回擊範圍。

### 操作成功的給分

30次成功的正手平抽發球 = 10分
20～29次成功的正手平抽發球 = 5分
10～19次成功的正手平抽發球 = 1分
你的分數：＿＿＿＿＿

30次成功的反手平抽發球 = 10分
20～29次成功的反手平抽發球 = 5分
10～19次成功的反手平抽發球 = 1分
你的分數：＿＿＿＿＿
你的總分：＿＿＿＿＿

30次成功的正手彈擊發球 = 10分
20～29次成功的正手彈擊發球 = 5分
10～19次成功的正手彈擊發球 = 1分
你的分數：＿＿＿＿＿

30次成功的反手彈擊發球 = 10分
20～29次成功的反手彈擊發球 = 5分
10～19次成功的反手彈擊發球 = 1分
你的分數：＿＿＿＿＿
你的總分：＿＿＿＿＿

圖2.8　平抽發球和彈擊發球

## 發球練習6　目標發球

放置一個大的紙箱在對手的發球區當作目標，發球權注視著目標物，發短球至對方的發球區內球要夠、夠深能夠落在後場線內，運用平抽發球和彈擊發球來操作目標發球，完成10次發球練習。

### 1. 增加難度
- 放置目標物發球區的特定點（例如：T點）。
- 放置較小的目標物（例如：毛巾、球拍套或小紙箱）。

### 2. 降低難度
- 放置較大的目標物。
- 目標物移至發球區的不同角落。

### 3. 成功的檢查點
- 站姿為雙腳前後開立。
- 揮拍時身體重量前移。
- 腰際高度以下觸球。

### 操作成功的給分
擊中目標5至10次 = 5分
擊中3或4次 = 3分
擊中1或2次 = 1分
你的總分：＿＿＿＿＿＿

## 發球練習7　超越繩索練習

放置兩個排球的球柱在網和對手後場線中間位置，綁一條繩索約10英尺高（約3公尺），位於對手發球區的中間，發長球時挑高球的拋物線超越繩索進入對方發球區內，練習時儘量發長球進入對手單打發球區的後弄，發出的球落地時，幾乎跟地面垂直，造成對手必須向前移位來回擊。

### 1. 增加難度
- 在單打發球區的後弄角落放置目標物。
- 提高繩索位置。
- 向後移位。

### 2. 降低難度
- 降低繩索高度。

- 近網移位。

### 3. 成功的檢查點
- 兩腳前後開立站位在前發球線的後方3英尺（1公尺）。
- 揮拍時身體重量移至前腳。
- 擊出深遠球。

### 操作成功的給分
6次以上發球過繩索落在發球區內 = 5分

4或5次發球過繩索落在發球區內 = 3分

2或3次發球過繩索落在發球區內 = 1分

你的總分：＿＿＿＿＿＿

羽球
邁向卓越

# 回發球

羽球回發球是決定得分的要素，因此非常重要，好的回發球會降低對手得分機會，而每次回發球並非完美，重點是造成對方回擊無力。

回發球應運用在整場區，使自身反應時間增加，並盡可能壓縮對方回球時間，單打比賽時，回發球落點應在場區四角落，可迫使對手不停移位，雙打比賽時，回發球推擊至中場邊線位置且盡量壓低拋物線，可迫使對手挑高回球，也可製造自身攻擊機會。

### 錯誤的步驟
針對發長球回球太短。

### 修正的方法
回發球至對方場區四角落。

### 錯誤的步驟
回發球過高。

### 修正的方法
壓低回發球至邊線附近。

缺乏練習常是造成發球和回發球穩定性及擊球落點不佳主因，發球和回發球時，球員常失去專注力，故無論為單打或雙打，皆須多花時間在發球和回發球之準確性及效率訓練。

## 回發球練習一　四角落目標練習

甲球員發球給位於右邊發球區之乙球員，乙球員試著回發球至單打場區四角落之一，在四角落各放置一目標物，如毛巾、球拍套、垃圾桶等，且擊中目標物可得分，每10次發球及回發球即可換邊，甲球員發高球給乙球員，乙球員回發至四角落之一。

### 成功的檢查點
- 目視評估回發球至右發球區四角落落點準確性。
- 目視評估回發球至左發球區四角落落點準確性。

| 操作成功的給分 |
| --- |
| 擊中10次目標物 = 5分 |
| 擊中7～9次目標物 = 3分 |
| 擊中4～6次目標物 = 1分 |
| 你的分數：＿＿＿＿ |

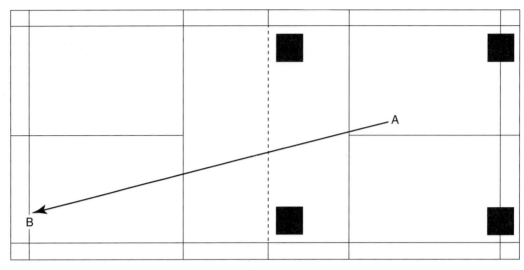

圖2.9

## 回發球練習二　回發球過頂深遠球及網前吊小球

　　甲球員發球給位於右邊發球區之乙球員，乙球員使用正手過頂高遠球或正手過頂吊小球輪替回發球，在四角落各放置一目標物如毛巾、球拍套、垃圾桶等，且擊中目標物可得分，每10次發球及回發球即可換邊，每位球員從右單打區回發球擊中目標物後即轉移至左發球區繼續練習。

成功的檢查點

- 目視評估回發球至右單打區兩角落落

點準確性。

- 目視評估回發球至左單打區兩角落落點準確性。

| 操作成功的給分 |
| --- |
| 擊中10次目標物 = 5分 |
| 擊中7～9次目標物 = 3分 |
| 擊中4～6次目標物 = 1分 |
| 你的分數： _____ |

## 回發球練習三　發短球低手吊小球回擊

　　甲球員發球給位於右邊發球區之乙球員，乙球員輪替使用低手吊小球至對方左角落前方或後方，在四角落各放置一目標物如毛巾、球拍套、垃圾桶等，且擊中目標物可得分，每10次發球中各5次回發球至左場及右場，完成後甲

球員角色替換練習，乙球員發球給甲球員，每位球員從右單打區完成回發球後，即可轉移至左單打區。

成功的檢查點

- 目視評估從右場區回發球至對手雙打區每角落落點準確性。

- 目視評估從左場區回發球至對手雙打
  區每角落落點準確性。

擊中10次目標物 = 5分

擊中7～9次目標物 = 3分

擊中4～6次目標物 = 1分

你的分數：＿＿＿＿＿＿

## 回發球練習四　發短球低手推擊回發球

　　甲球員發短球給位於右邊發球區之乙球員，乙球員輪替使用低手觸擊回發球至對手左或右中場，在中場每邊各放置一目標物如毛巾、球拍套、垃圾桶等，且擊中目標物可得分，每10次發球中各5次回發球至左場及右場，完成後甲、乙球員角色替換練習，乙球員發球給甲球員，每位球員從右雙打區完成回發球後，即可轉移至左雙打區。

成功的檢查點

- 目視評估從右場區回發球至對手雙打
  之中場區準確性。
- 目視評估從左場區回發球至對手雙打
  之中場區準確性。

擊中10次目標物 = 5分

擊中7～9次目標物 = 3分

擊中4～6次目標物 = 1分

你的分數：＿＿＿＿＿＿

## 回發球練習五　過頂扣殺回擊彈擊發球

　　甲球員彈擊發球給位於右邊發球區之乙球員，乙球員輪替使用高手扣殺回擊至對方左或右中場，在中場每邊各放置一目標物如毛巾、球拍袋、垃圾桶等，且擊中目標物可得分，每10次發球中各5次回發球至左場及右場，完成後，甲、乙球員角色替換練習，乙球員發球給甲球員，每位球員從右雙打區完成回發球後，即可轉移至左雙打區。

1. 增加難度

- 接球者輪替使用完全扣殺、半扣殺或
  快速吊小球。
- 運用較小目標物如毛巾、球拍套或小
  盒子。
- 移動目標物至發球者雙打區不同位
  置。

2. 降低難度

- 運用較大目標物使球可落在雙打區前
  發球線及後發球線內任何點。
- 放置較大目標物如大毛巾、球拍袋。

3. 成功的檢查點

- 目視評估從右場區回發球至對手雙打
  之中場區準確性。
- 目視評估從左場區回發球至對手雙打

之中場區準確性。

擊中10次目標物 = 5分

擊中7～9次目標物 = 3分

擊中4～6次目標物 = 1分

你的分數：＿＿＿＿＿

## 回發球練習六　過頂扣殺回擊平抽發球

甲球員平抽發球給位於右邊發球區之乙球員，乙球員輪替使用高手扣殺回擊至對方左或右中場，在中場每邊各放置一目標物如毛巾、球拍袋、垃圾桶等，且擊中目標物可得分，每10次發球中各5次回發球至左場及右場，完成後，甲、乙球員角色替換練習，乙球員發球給甲球員，每位球員從右雙打區完成回發球後，即可轉移至左雙打區。

### 1. 增加難度

- 接球者輪替使用完全扣殺、半扣殺或快速吊小球。
- 運用較小目標物如毛巾、球拍套或小盒子。
- 移動目標物至發球者雙打區不同位置。

### 2. 降低難度

- 運用較大目標物使球可落在雙打區前發球線及後發球線內任何點。
- 放置較大目標物如大毛巾、球拍袋。

### 3. 成功的檢查點

- 目視評估從右場區回發球至對手雙打之中場區準確性。
- 目視評估從左場區回發球至對手雙打之中場區準確性。

擊中10次目標物 = 5分

擊中7～9次目標物 = 3分

擊中4～6次目標物 = 1分

你的分數：＿＿＿＿＿

# 成功發球結論

在比賽中可混合運用各種不同發球方式，即可成為較佳之羽球選手，並造成對手壓力，進而提升比賽獲勝機率，發長球、短球、平抽發球或彈擊發球皆可造成對手不同回發球結果，發球多樣化也使對手有預測上困難，也增加發球得分之潛在性，在進入下一單元前，記錄下列練習之得分。

得分在90分以上，表示可向前移至下個單元，得分少於70分，就須針對困難部分加以練習，可要求教練或較具經驗球員協助評估球技。

下一單元介紹正手拍與反手拍過頂（高手）擊球方法，高手擊球通常從

羽球

邁向卓越

**發球練習**

1. 懸掛線上之球　　　　　　　　　　　　5分得____
2. 發長球　　　　　　　　　　　　　　　10分得____
3. 發短球　　　　　　　　　　　　　　　20分得____
4. 穿越繩索下方　　　　　　　　　　　　15分得____
5. 平抽發球和彈擊發球　　　　　　　　　40分得____
6. 目標發球　　　　　　　　　　　　　　5分得____
7. 超越繩索上方　　　　　　　　　　　　5分得____

**回發球練習**

1. 四角目標練習　　　　　　　　　　　　5分得____
2. 回發球過頂高遠球和網前吊小球　　　　5分得____
3. 低手網前吊小球　　　　　　　　　　　5分得____
4. 發短球低手推擊回球　　　　　　　　　5分得____
5. 彈擊發球高手扣殺　　　　　　　　　　5分得____
6. 平抽發球高手扣殺　　　　　　　　　　5分得____

**總分**　　　　　　　　　　　　　　　　130分得____

後場出發，為進攻用途設計，優秀之高手投擲動作，手肘應在肩膀上高度向上延伸，高手擊球在羽球比賽中是成功要素。

# 單元三 過頂正手拍與反手拍擊球

羽球比賽過頂擊球是最重要的策略擊球方法，過頂擊球類似職棒的投手的投球方法：速球、變化球、滑球和伸卡球，羽球的基本四種擊球法：高遠球、扣殺球、往前吊小球和平抽球，可以是過頂正手拍擊球與反手拍擊球，運用過頂正手拍擊球與反手拍擊球調動對手滿場移位。

過頂正手拍擊球是以完整的投球動作，從後場區來發動；過頂反手拍擊球也是以完整的向上延展慣用臂，從反手拍位置出擊，整個動作可以說是正手拍擊球的翻版，正如觀賞過頂正手拍擊球的影片時，相反的動作就如反手擊球的複製品。正手拍擊球時慣用臂向上舉，手肘向前上方延展，前手臂用力外展，是過頂擊球的主要力量的來源。前臂的內收動作是用在正手拍擊球時；前臂的外展動作則是應用在反手拍擊球，人體解剖學上來說，前臂的轉動就唯有上述兩種方式。傳統的手腕扣殺動作應用的不多，正確的手腕應用應該是自然的屈伸，球拍的跟進動作與回球的方向一致。

## 過頂正手拍擊球

羽球比賽過頂正手拍擊球，應該是最具爆發力的擊球方式，球員可以應用於進攻上或防守的擊球，來調動對手移位至後場、網前或邊線。無論採取何種方式從後場區的過頂擊球，要讓對手無法辨識一直到出拍擊球前，乍看之下皆雷同，逼真之欺敵假動作足以造成對手回球的失誤。不同擊球法之差異點，主要是在球拍和球接觸時的變化，因此擊球時拍面的角度和出拍的速度決定回擊球的速度。

當採用慣用手擊球時，運用握手式

的握拍，對於右手球員而言即是右手側（圖3.1a），過頂擊球的動作類似棒球投球動作，整個動作力學的原理幾近相似。正確的揮拍動作，身體相關環節的協調性，無論是加速或減速，皆必須配合地恰恰好，才能夠產生最大的揮拍速度。

圖3.1　過頂正手拍擊球

a

**準備層面**

- 應用握手式握拍。
- 採用側身擊球姿勢。
- 雙臂向上舉起。
- 身體重量置於後腳。

b

**執行層面**

- 手肘上舉，手臂向上延展。
- 非慣用手向下。
- 轉動上半身。
- 於最高點觸球。
- 外展前臂。

c

**跟進層面**

- 完成動作時，持拍手掌朝外。
- 球拍向下與球的飛行方向一致。
- 球拍揮向身體另一方。
- 後腳向前甩動。
- 身體重量向前轉移。

**錯誤的步驟**

過頂擊出之球不夠深遠。

**修正的方法**

主因為擊球之力道不足，加強揮拍的速度，還有揮拍時身體重量向前的轉移，運用正確地握拍方式造成更多內縮與外展之動作，如此之揮拍即可聽到拍擊聲。

通常過頂擊球都是在後半場區來擊球，轉動身體雙腳與網垂直向上擊球至場區的後端，非慣用肩膀朝向網，身體重量移置後腳，必要的話向後退至來球的後方，這即是擊球之姿勢。

當你移位向著來球時，同時高舉持拍臂上曲手腕，球拍稍微向上，雙肩轉向擊球位置（圖3.1b），擊球瞬間結合眾多之肢體動作，後腳前移向上揮拍，臀部與肩膀一併轉動，非慣用臂於身體側方延展，協助其平衡與上半身的轉動，拍頭下垂至頭部後方抓背之位置，手肘引導慣用臂向上延展並用力轉動前手臂與手腕，球拍向上延伸以球拍上端引導來迎球，前臂之外展帶動拍面正面擊球，拍面之角度是決定球的飛行方向，觸球時快速地前臂轉動是力量之主要來源，當手臂完全地伸展至極限時，同時扣腕，盡可能於身體前方的最高點擊球。

**錯誤的步驟**

擊球點不穩定造成回球過短無力。

**修正的方法**

最普遍的問題為擊球時非在慣用手肩膀之上方，因此造成側向或身體後方擊球，快速移位至來球之後方，球拍保持向上，專注並迅速進入擊球位置，通常即能修正此問題。

手部與手腕必須要讓球拍之跟進動作很自然，手臂之內轉，球拍向下，掌心向外，幾乎無扣腕之動作，揮拍穿越觸球區向下和球的飛行方向一致（圖3.1c），球拍橫越身體前方至身體另一側停止，後腳向前甩動，身體重量持續地向前轉移，造成更高與更強之動量。

# 過頂反手拍擊球

過頂反手拍擊球為反手位來回擊對手之來球，即使來球已過了身體之中心至後方，應用正確的移位步伐與擊球技巧，反手拍擊球無論於進攻或防守皆可節省時間與能量，並促進擊球效率。大多數優秀球員回球時，皆使用正手拍

過頂擊球（見單元八更多過頂擊球之相關資訊）。採用正手拍擊球通常球速較快，同時亦消化更多的能量，反手拍過頂擊球則不盡然，必要時亦是為極佳的選項。無論運用何種過頂反手拍擊球法時，動作皆必須一致，造成對手無法辨識擊球之手法，欺敵之假動執行逼真，可能讓對手毫無回擊之餘地；正如正手拍擊球法之各種差異為建立於擊球點上，因此，出拍之角度與速度決定回球之速度。

### 錯誤的步驟

對手容易解讀過頂擊球之意向。

### 修正的方法

通常是因為上半身轉動不足，過頂擊球時缺乏欺敵性，因此當揮拍向上迎球時，側身向網轉肩上半身用力轉動。

過頂反手擊球動作和向著天花板甩動毛巾相似，執行反手投擲動作，慣用臂迅速延展，球拍頭產生最大速率，傳導至球上，這些擊球法通常位在場區後三分之一來執行，當來球朝著反手拍上方之位置接近時，轉身背向網以慣用腳來引導，朝著反手拍之角落，將身體重量轉移至後腳，必要時，側併步向後移位至來球之後方，以上為擊球姿勢之過程。

握手式反手握拍時，大拇指置於拍面左邊之正上方，而非繞著握把四周（圖3.2a），此種大拇指向上之握拍法於回發球時不需要轉動握拍，同時對所

### 圖3.2　過頂反手拍擊球

**準備層面**

- 運用握手式握拍，大拇指置於握把左斜面之上方。
- 側向移位至反拍擊球姿勢。
- 持拍臂上舉，前臂與地面平行，球拍頭朝下。

a

圖3.2　過頂反手拍擊球（續）

b

**執行層面**

- 手肘引導手臂延展。

- 非慣用臂放下。

- 轉動上半身。

c

**觸球層面**

- 最高點擊球。

- 前臂外展。

- 球拍頭跟進。

有的反拍擊球法提供額外之支撐與槓桿，主要的是手指壓力之變化，準備動作時放鬆握拍擊球時要握緊球拍。

　　當對方擊出深遠球時，就較有充分時間做足夠之側身反拍擊球動作，食指指截置於握把正上方，大拇指置於握把下方斜線上，此種握法似網球東方式反手拍，且使用此握法在身體前方擊球時可固定手腕屈伸動作，但在羽球比賽中來球落點通常位在反手拍深遠角落，故需在球超越重心前擊球，此情況下，使用東方式反手握拍法為最好之回擊方式，單元一所推薦之反手拍握法及正手拍握法相似，皆具備較多手腕動作，故不管為背向網或球落在身後，仍可將拍面引導球擊向對手場區。

單元三　過頂正手拍與反手拍擊球

錯誤的步驟

來球落於反手拍後方時未能完成回球動作。

修正的方法

造成此因素主因大都為錯誤之反手拍握拍，應將大拇指壓在反手拍面上方，即可回擊身後來球。

迎接來球時，持拍臂向上舉起並手腕上屈且球拍微向上，肩膀轉向擊球位，使用此擊球法擊球時須注意各環節，向上揮拍之動作起始於後腿前上方延伸及臀部和肩膀轉動來帶動手臂上舉，且前手臂與地面平行並拍頭朝下（圖3.2b），以手肘引導慣用臂向上延展，並用力轉動前臂及手腕使球拍向上甩出，以拍子前端迎球，前臂快速外展可帶動拍面旋轉至90度擊球，拍面角度將決定球之飛行方向，擊球時手腕伸展且手臂完全延展，前臂迅速轉動為力量主要來源，儘量在身體前方最高點擊球。

錯誤的步驟

回球時未能充分發揮力道，造成擊球過短，讓對手有充分時間提前到位。

修正的方法

手臂延展不足，球拍向手甩動時未能充分延展來操作過頂擊球，此為許多初學者通病，球拍應在向上甩出時產生快速揮擊之聲音，無論為正手或反手之擊球動作皆須充分延展手臂。

手及手腕與球拍之跟進動作應符合人體工學，外展上臂擊球完成動作為向下（圖3.2c），且幾乎無任何手腕伸展動作，球拍經過觸球區域向下延伸需和回球途徑一致，後腳蹬地向前延伸可協助身體轉向網之方向，並迅速回至中場，此重量轉移可產生額外動能及擊球力道。

## 過頂擊球練習一　增加揮拍之負荷

運用球拍套加在球拍上，練習完全的正手及反手揮拍，此法可增加球拍重量及空氣阻力，將助於擊球力道和耐力的發展，以手肘引導完成各20次正手及反手揮拍。

成功的檢查點
· 甩出球拍。
· 延展手臂。
· 高點觸球。

完成20次正手揮拍＝5分

完成20次反手揮拍＝5分

你的分數：＿＿＿＿＿＿

## 過頂擊球練習二　影像練習

　　面對鏡練習正手及反手拍過頂擊球完全揮拍動作練習，鏡子可產生立即視覺回饋，若無效時，則在場上練習揮拍即可，並盡可能在最高點擊球且在觸球區運用手腕向下扣殺，產生快速揮擊之聲音，完成各20次正手及反手揮拍。

**成功的檢查點**

• 身體重量轉移。

• 最高點擊球。

• 快速揮拍。

完成20次正手揮拍＝5分

完成20次反手揮拍＝5分

你的分數：＿＿＿＿＿＿

## 過頂擊球練習三　反手毛巾練習

　　背向高牆站立，慣用手抓住毛巾尾端，向上延展慣用臂，手臂觸牆，毛巾向上甩出慣用臂用力延展（圖3.3），練習5分鐘或25次重複練習。

**成功的檢查點**

• 手肘彎曲。

• 向上甩動毛巾。

• 延伸至最高點。

向上甩動毛巾5分鐘或25次＝5分

你的分數：＿＿＿＿＿＿

圖3.3　反手毛巾練習

單元三　過頂正手拍與反手拍擊球

## 過頂擊球練習四　對牆擊球

面對高牆來回練習過頂正手或反手擊球（圖3.4），站在牆前約5～7英尺，運用低手開球並使用高手對牆擊球，以手肘引導向上對牆擊球並側身回拍，正拍及反拍擊球各兩分鐘。

**成功的檢查點**

- 球拍後拉向上。
- 以手肘引導轉肩。
- 向上延伸至最高點擊球。

| 操作成功的給分 |
| --- |
| 2分鐘正手擊球 = 5分 |
| 2分鐘反手擊球 = 5分 |
| 你的分數：_____ |

圖3.4　對牆擊球

## 過頂擊球練習五　自拋過頂深遠回球

此練習非雙方來回球，故需先準備五至六球並側身站立靠近後場，低手握拍掌心向上，拍面放置一球並將球向上挑起至過頂正拍或反拍擊球位置，當球離開球拍時，迅速舉起手臂向後引拍且拍頭朝下，以手肘引導持拍臂向上延展並用力轉動前臂及手腕，球拍向上甩出至最高點觸球，身體重量由後腳轉移至前腳，拍面應引導球向前上方揮擊，而好的回球之落點應靠近後場雙打發球線，各操作20次正手及反手回球。

**1. 增加難度**

- 每次擊球後應恢復至準備姿勢。
- 正手及反手擊球交替使用。
- 向網前移位觸擊前發球線在回位至後場。
- 使用網球拍代替羽球拍，增加負荷訓練。

**2. 降低難度**

- 身體已轉向側身擊球姿勢。
- 球拍向上。
- 身體重量已轉移至前腳。

**3. 成功的檢查點**

- 手肘朝上球拍朝下。
- 以手向上引導球拍擊球。
- 快速揮拍。

20次成功正手拍回球 = 5分

15～19次成功正手拍回球 = 3分

10～14次成功正手拍回球 = 1分

你的分數：＿＿＿＿＿

20次成功反手拍回球 = 5分

15～19次成功反手拍回球 = 3分

10～14次成功反手拍回球 = 1分

你的分數：＿＿＿＿＿

你的總分：＿＿＿＿＿

## 過頂擊球練習六　發高球及過頂回球

A球員發出高遠球給對面場區B球員，B球員運用過頂正手擊球動作回擊高遠球（圖3.5），E球員站在後場將球撿回給A球員，練習3次後輪替位置，A球員代替E球員，B球員代替A球員，E球員排至D球員後方，重複此練習至每球員至少操作各位置6次為止，若場區受限時，兩組可共同使用同邊場區。

成功的檢查點

- 手肘向上且球拍向下。
- 以手肘引導手臂延展。
- 手向上朝來球延展並帶動球拍。

5次以上成功過頂正拍回球 = 5分

3或4次以上成功過頂正拍回球 = 3分

1或2次以上成功過頂正拍回球 = 1分

你的分數：＿＿＿＿＿

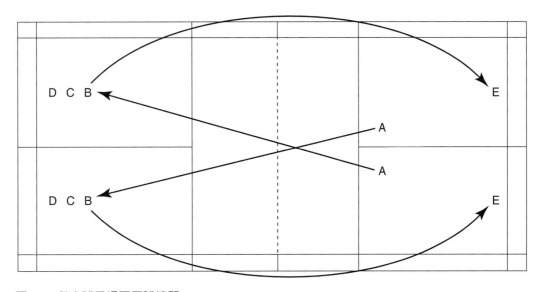

圖3.5　發高球及過頂回球練習

單元三　過頂正手拍與反手拍擊球

## 過頂擊球練習七　觸物後回球

此為初學者引導遊戲，在一邊場區中央放置地毯，A球員站在此邊正手拍角落後方，B球員發高遠球至A球員正手角落，而A球員立即回高遠球給B球員並向前觸擊前方地毯（圖3.6），A球員回位至正手拍角落並持續雙方來回球，重複練習3次後雙方交換位置。

### 1. 增加難度

- B球員降低回球高度，使A球員回位時間縮短。

### 2. 降低難度

- B球員提高回球高度，使A球員回位時間增長。

### 3. 成功的檢查點

- 手肘引導手臂延展。
- 快速揮拍。
- 最高點擊球。

| 操作成功的給分 |
| --- |
| 3次成功過頂正手回球 = 5分 |
| 2次成功過頂正手回球 = 3分 |
| 1次成功過頂正手回球 = 1分 |
| 你的分數：_____ |

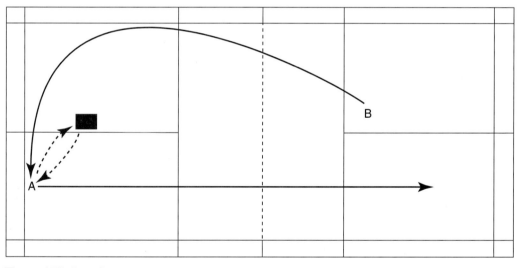

圖3.6　觸物後回球

## 過頂擊球練習八　折返擊出高遠球

A球員擊出低手高遠球後，跑至對方場區排至E球員後方（圖3.7），每位球員皆輪替且可使用正手或反手擊球，擊球後排至對方場區隊伍後方，須成功持續擊出各20次過頂正手及反手高遠球。

成功的檢查點

- 手肘朝上且球拍向下。

羽球

邁向卓越

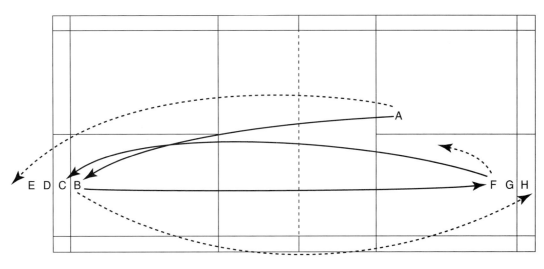

圖3.7　折返擊出高遠球

- 以手肘引導手臂延展。
- 手向上朝來球延展並帶動球拍。

### 操作成功的給分
20次成功正手回球＝10分
15～19次成功正手回球＝5分
10～14次成功正手回球＝1分

你的分數：＿＿＿＿＿＿＿

20次成功反手回球＝10分
15～19次成功反手回球＝5分
10～14次成功反手回球＝1分
你的分數：＿＿＿＿＿＿＿

## 過頂擊球練習九　反手擊出高遠球

　　此練習需各一位擊球者和餵球者，當餵球者餵球給擊球者和時，擊球者和以反手高遠球回球，擊球者和之起始位為靠近後雙打發球線，餵球者使用低手餵球且球弧度應高於擊球者肩膀後方，擊球者和則向反手角落移位，並在擊出反手高遠球後應回位至中場，擊球者和須連續成功擊出20次反手高遠球。

### 成功的檢查點
- 檢查是否符合正確反手握拍。
- 手肘朝上且球拍向下。
- 以手肘引導手臂延展。
- 手向上朝來球延展並帶動球拍。

### 操作成功的給分
20次成功反手回球＝20分
15～19次成功反手回球＝15分
10～14次成功反手回球＝10分
你的分數：＿＿＿＿＿＿＿

# 過頂正手及反手成功結論

當使用正手過頂擊球時，切記需側身向網且臀部及肩膀隨擊球方向轉動，過頂正手擊球特點為身體重量轉移上半身，手臂延展及內轉以球拍向下扣殺完成動作；過頂反手拍擊球時，切記需向後轉動且臀部及肩膀朝擊球方向轉動，過頂反手拍擊球之動作程序和過頂正手拍相似，持續練習至過頂擊球動作可有效、準確且強力，在進入下一單元前，記錄下練習時得分。

得分在70分以上，表示可向下一單元前進，得分低於70分，則重複練習困難部分，要求教練或較有經驗之球員來評估自身技巧，單元四介紹高遠球，高遠回球對成功之羽球比賽為一重要擊球方法，足球有句俗語「當存疑時，就將球踢走」，同樣地在羽球也可為「當沒把握時，就擊出高遠球」，高遠球為將球擊至後場，為防守性回球，並可有更多回復時間，且進攻之高遠球較低及較快，則可壓縮對手反應時間。

---

**過頂擊球練習**

| | | |
|---|---|---|
| 1. 球拍套負荷練習 | 10分得____ |
| 2. 影像練習 | 10分得____ |
| 3. 反手毛巾練習 | 5分得____ |
| 4. 對牆來回球練習 | 10分得____ |
| 5. 自拋過頂回深遠球 | 5分得____ |
| 6. 發高球及過頂回球 | 5分得____ |
| 7. 觸物後回球 | 5分得____ |
| 8. 折返擊出高遠球 | 20分得____ |
| 9. 反手擊出高遠球 | 20分得____ |
| **總分** | **90分得____** |

# 單元四　高遠球

　　有充裕的時間回球到中場的最佳策略是高遠球，特別是在單打比賽時，球員沒有把握的情況下，擊高遠球是最佳選擇，防守性的高遠球擊出的拋物線和網球的高遠球類似，高遠球的擊球法可以是從正手或反手方向來採用低手過頂的擊球法。迫使對手移位至後場，球員巧妙的運用高遠球和網前調小球的組合，可以造成對手在場區的四個角落，疲於奔命的防守。

　　球員應該嘗試在第一時間去擊球，這樣的話，壓迫對手的回球空間，無論是過點或低手回球，盡可能在最高點擊球，擊高遠球時，球拍向上拋出，手肘延展拍面去贏球。以手來引導球拍

向前上方揮擊球，就能夠造成深又遠的落點。完成更進動作時，應該和球的飛行方向一致。

　　在比賽中，深遠的球的主要價值是球會遠離對手的擊球範圍，因此迫使對手需要迅速的移位，最佳策略是擊球至對手的後方或是造成對手失衡，壓縮對手的反應時間，也造成對手疲累，當正確的擊出高遠球時，對手也必須迅速地去準確及有效的回球，進攻式的高遠球特性是平、快，通常球的落點在對手的後方造成對手軟弱回球的可能性很大防守性的高遠球，防守性的高遠球則是具高、遠的拋物線。

## 正手高遠球

　　當比賽來回球向著球員回來移位至來球的後方位置採用握手式的握拍，假如是採用過頂正手高遠回球時（圖4.1），轉肩側伸向網，當來球下墜至擊球區時，向上揮動球拍擊出深遠球，

盡可能的在身體前方最高點來擊球，完成擊球動作時，球拍和球的拋物線方向一致，防守式的高遠球擊出的球是向上超越對手的頭部的上方，進攻式的高遠球則是快又平的拋物線，最好是能夠超

越對手的擊球範圍。

　　揮拍時，急速的前臂的外展是力量的主要來源，球拍通過觸球區然後向前和球的飛行方向一致，過頂或低手高遠球觸球之後，當身體回位到中場時，迅速做出身體重量轉移。

### 圖4.1　過頂正手拍高遠擊球

a

**準備層面**

- 採用握手式握把。
- 回復至準備姿勢。
- 擲拍臂向上、拍頭向下。
- 身體重量均衡的分配至雙腳。
- 手腕上曲。

b

**執行層面**

- 身體轉至來球的方向。
- 向前揮拍盡可能在最高點觸球。
- 外展前臂。

c

**跟進層面**

- 拍頭跟進。
- 朝著網的方向揮拍。
- 轉動持拍臂。
- 雙腳蹬地。
- 身體回位到中間場區。

### 錯誤的步驟

握把的方式錯誤，持拍就像在烹飪時持鍋的方式。

### 修正的方法

持鍋的握拍方式會限制到力量的發揮，因此，握手式的握拍手的大拇指和食指形成英文字母V的勝利標誌，V應該在握把的正上方。

在靠近網擊出高遠球時，最好是採用低手擊球法（圖4.2），延展你的慣用臂拍面置於來球的下方，當來球下墜進入擊球區時，向上揮動球拍，擊球至深遠的落點。運用持拍手擊球時，掌心朝上儘量在身體前方最高點來擊出深遠球，球拍的完成動作和球的拋物線方向一致。

### 圖4.2　過頂低手擊高遠球

**準備層面**

- 採用正手握手式握拍。
- 延伸慣用手和慣用腳。
- 持拍臂向上掌心朝上。
- 身體重量稍微置於前腳。

a

**執行層面**

- 站穩腳步去迎球。
- 拍面置於來球的下方。
- 手腕後曲。
- 球拍向下引拍、向上揮擊。
- 盡可能在最高點觸球。
- 前臂外展。

b

單元四　高遠球

圖4.2　過頂低手擊高遠球（續）

**跟進層面**

- 延續的向上揮擊和球的飛行方向一致。
- 前臂轉動。
- 雙腳蹬地。
- 身體回位到中間場區。
- 回到中場。

c

---

**錯誤的步驟**

準備的位置不佳，造成身體失衡而且身體重量沒有轉移到擊球點。

**修正的方法**

迅速移位到正確的擊球位置，並且在正確時間擊球，專注力和練習是修正錯誤的步驟良方。

# 反手擊高遠球

比賽時球朝著反手拍位置前進，球員應該迅速移位置來球的後方，採用反手握把來回球，假如是採用過頂反手拍擊高遠球來回球時（圖4.3），轉肩和側身向網，當球下墜至擊球區時，向上揮動球拍來擊球，盡可能在身體前方的最高點來擊球，球拍的完成動作和球的拋物線方向一致，拍面的角度向上，擊出的球既深且遠。防守式的高遠擊球，球是向上飛行高度要超過對手的頭部，進攻式的高遠擊球是快又平的拋物線，最好是能超越對手的擊球範圍，擊球力量的主要來源是快速的前臂外展，引導球拍進入觸球區向前延伸與球的飛行方向一致，在過頂反手擊球後雙腳蹬地，身體重量迅速轉移回到中場。

圖4.3　過頂反手擊高遠球

a

b

c

### 準備層面

- 採用反手握拍。
- 回復到準備姿勢。
- 持拍臂與地面平行。
- 拍頭向下。
- 身體重量均衡分配至雙腳。

### 執行層面

- 站穩腳步去迎球。
- 轉身背向網。
- 手腕後曲。
- 手肘引導向前揮擊。
- 拍頭向上觸球。
- 盡可能在最高點擊球。
- 拍面角度向上朝外。
- 前臂外展。

### 跟進層面

- 延續向上揮擊的動作。
- 球拍和球的飛行方向一致。
- 朝著網揮拍。
- 自然的持拍跟進動作。
- 雙腳蹬地回到中間場區。
- 回到中場。

單元四　高遠球

### 錯誤的步驟

過頂反手擊高遠球沒有力量。

### 修正的方法

曲球力量的主要原因是手臂觸球時沒有完全的延展，許多初學者就會曲臂來擊球，造成幾乎無前臂外展動作。

在靠近網擊出高遠球時，最好是採用低手擊球法（圖4.2），延展你的慣用臂拍面置於來球的下方，當來球下墜進入擊球區時，向上揮動球拍，擊球至深遠的落點。運用持拍手擊球時，掌心朝上儘量在身體前方最高點來擊出深遠球，球拍的完成動作和球的拋物線方向一致。

### 圖4.4　低手反手擊高遠球

a

b

**準備層面**

- 採用反手握拍。
- 慣用手和慣用腳向前延伸。
- 持拍臂向上掌心朝下。
- 身體的重量稍微置於前腳。

**執行層面**

- 轉向來球。
- 朝著網移位。
- 非慣用腳向前跨步。

圖4.4 低手反手擊高遠球（續）

揮擊動作

- 球拍置於球的下方。
- 手腕後曲。
- 球拍向下引拍然後快速的向上揮拍，盡可能在最高點觸球。
- 向上揮拍和球的飛行方向一致。
- 自然的跟進動作，前臂外展。
- 兩腳蹬地身體回至場中央。
- 回位至中場。

c

任何水準的羽球比賽及高遠球所犯的錯誤經常可見，初學者和中階的球員經常表現出不佳的擊球方式，不斷重複的練習，有助於在場上的表現。

## 擊高遠球練習一　低手擊高遠球

應用球拍加上球拍套來練習正手和反手的低手揮拍動作，拍套的重量帶來的空氣阻力有助於擊球臂力量和耐力的發展要完成30次正手揮拍和30次反手揮拍。

成功的檢查點

- 手腕後曲。
- 以手腕和手來引導球拍向上揮擊。
- 球拍揮擊時要有聲音。

| 操作成功的給分 |
| --- |
| 完成30次的正手揮拍 = 5分 |
| 完成30次的反手揮拍 = 5分 |
| 你的總分：_____ |

## 擊高遠球練習二　過頂擊高遠球

應用球拍加上球拍套來練習正手和反手的低手揮拍動作，拍套的重量帶來的空氣阻力有助於擊球臂力量和耐力的發展要完成30次正手揮拍和30次反手揮拍。

成功的檢查點

- 以手肘引導。
- 用手來引導球拍向上揮擊。
- 身體重量轉移。

| 操作成功的給分 |
| --- |
| 完成30次的正手揮拍 = 5分 |
| 完成30次的反手揮拍 = 5分 |
| 你的總分：_____ |

## 擊高遠球練習三　網前低手擊高遠球

　　A球員應用過頂的拋擲羽球給對方的羽球員，羽球員的慣用腳向著網跨步，從它的運用低手擊高遠球來回球，低手擊遠必須落地在雙打的後發球線和後場線之間（圖4.5），G球員回球給A球員，3次以後球員就輪替來操作，A球員代替G球員，B球員來替代A球員，G球員則移位到F球員後方，整個練習操作5次，一直到每位球員都完成15次的低手擊高遠球為止。

成功的檢查點

• 以手肘引導。
• 用手來引導快速揮拍。
• 擊出高遠球。

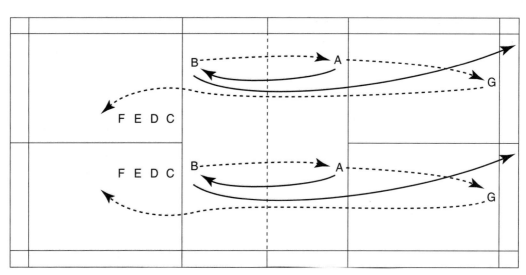

圖4.5　面對網低手擊高遠球

## 擊高遠球練習四　發球和擊高遠球

　　此練習並非來回球，發球的夥伴手邊要有5.6個球，採用正手拍或反手拍發球或者是低手擊球的動作，來回擊出高遠超越夥伴頭部高度的球，執行20次正手拍發球或低手及高遠球和20次反手拍發球或低手及高遠球，因為此項練習並非來回球，所以，夥伴之間可以同時操作練習也可以單獨練習，成功的發球必須要能夠超越夥伴的頭部上方的領空，並且球落地雙打發球線的附近。

成功的檢查點

• 以手肘引導。

- 用手來引導快速揮拍。
- 擊出高遠球。

### 操作成功的給分

擊出20次成功的正手拍發球或低手擊高遠球 = 5分

擊出15～19次成功的正手拍發球或低手擊高遠球 = 3分

擊出10～14次成功的正手拍發球或低手擊高遠球 = 1分

你的分數：＿＿＿＿

擊出20次成功的反手拍發球或低手擊高遠球 = 5分

擊出15～19次成功的反手拍發球或低手擊高遠球 = 3分

擊出10～14次成功的反手拍發球或低手擊高遠球 = 1分

你的分數：＿＿＿＿

你的總分：＿＿＿＿

## 擊高遠球練習五　正手高遠球的回球

此練習並非來回球，其中一個發球的夥伴（餵球者）手邊要有5.6個球，低手發出高遠球，接球者應用正手過頂擊球動作（圖4.6）來回發球，回發球必須要超越夥伴的頭部上方，並且造成深遠球，接球者操作至少30次以上的回球然後在夥伴之間角色互換，成功的回發球必須要靠近雙打發球線附近落地。

成功的檢查點

- 以手肘引導。
- 用手來引導快速揮拍。
- 擊出高遠球。

### 操作成功的給分

擊出30次成功的正手高遠球擊球 = 10分

擊出20～29次成功的正手高遠球擊球 = 5分

擊出10～19次成功的正手高遠球擊球 = 1分

你的總分：＿＿＿＿

圖4.6　正手高遠球的回球

## 擊高遠球練習六　拋球和反手高遠回擊球練習

　　此練習並非來回球，其中一個發球的夥伴（餵球者）手邊要有5.6個球，餵球者以過頂拋球給在網前的夥伴的反手邊，接球的接球者應用反手的低手擊球動作來回擊，回擊球必須是高、遠，成功的回擊球的落點必須要在雙打發球線的附近（圖4.7），接球的夥伴要完成至少30次的回球，雙方才可以角色互換。

### 成功的檢查點
- 將球拋至左邊，延展慣用手和慣用腳來。

- 手肘引導。
- 觸球時球拍下扣。

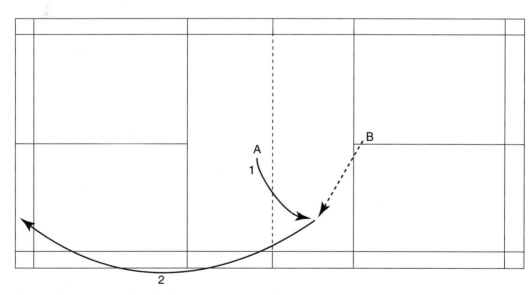

圖4.7　拋球和反手高遠回擊球練習

## 擊高遠球練習七　過頂高遠來回球

　　這是一段來回擊球的練習，隊友間運用一至二個球，兩個人一組，其中之一對著另一位隊友運用第一手滑球，滑出高遠球，接球的隊友運用正手和反手過頂擊球動作來回發球，回發球必須超越隊友頭部上空，造成高遠的回球，這

是一個連續不斷地練習，隊友之間應該盡可能地來回擊球次數愈多愈好，來回球應該既高又遠，讓另一位隊友有足夠之時間進入擊球的位置，成功回球的落點應當靠近雙打發球線附近。

## 1. 增加難度

- 每次擊球後恢復至準備姿勢。
- 正手和反手過頂擊高遠球交替執行。
- 每次擊出高遠球後，向前跑觸碰發球線，回到接球位置。
- 以快又平的拋物線擊出高遠球，攻擊的高遠球更需要增加速度與高度，促使對手無法攔截。

## 2. 降低難度

- 無論於網前或後場，身體一定處於側身擊球之位。
- 無論於網前或後場，持拍臂向上舉至於頭部後方。

- 於網前時，身體重量置於前腳，後場時，身體重量轉移置後腳。
- 餵球時，球點較高且較短，讓隊友有更多時間處理來球。

## 3. 成功的檢查點

- 手肘引導。
- 快速揮擊。
- 回球至隊友之正手拍位置。

| 操作成功的給分 |
| --- |
| 30次以上成功的高遠擊球無失誤 ＝ 10分 |
| 20～29次成功的高遠擊球無失誤 ＝ 5分 |
| 10～19次成功的高遠擊球無失誤 ＝ 1分 |
| 你的總分：＿＿＿＿＿ |

### 擊高遠球練習八　輪替高遠擊球

A球員發高遠球給E球員，然後排至隊伍之後（圖4.8），依球員擊高遠球給B球員，亦排至隊伍之後，持續相同之練習，每位球員皆擊出高遠球，排至隊伍後方為止。

## 成功的檢查點

- 手肘引導。
- 快速揮擊。
- 回球至隊友之正手拍位置。

| 操作成功的給分 |
| --- |
| 30次以上成功的高遠擊球無失誤 ＝ 10分 |
| 20～29次成功的高遠擊球無失誤 ＝ 5分 |
| 10～19次成功的高遠擊球無失誤 ＝ 1分 |
| 你的總分：＿＿＿＿＿ |

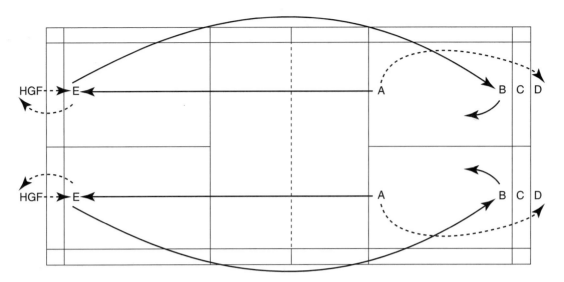

圖4.8　輪替高遠擊球

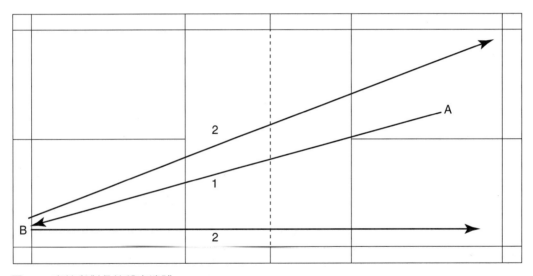

圖4.9　直線與對角線擊高遠球

## 擊高遠球練習九　直線與對角線擊高遠球

　　有效地運用擊深遠球之程序為賽前極佳的暖身活動，球員之間可以運用對角線互相擊出高遠球，然後變化至直線高遠球（圖4.9），回球時無一定的程序，重點為回球之落點必須是既高且遠。

**成功的檢查點**

- 手肘引導。
- 快速揮擊。
- 擊高遠球。

30次以上成功的高遠擊球無失誤 ＝ 10分

10～19次成功的高遠擊球無失誤 ＝ 1分

20～29次成功的高遠擊球無失誤 ＝

你的總分：＿＿＿＿＿＿＿

---

# 擊高遠球成功結論

切記於擊正手與反手高遠球時，要迅速地進入準備姿勢，盡可能地在慣用肩前方觸球，擊球時身體重量迅速地轉移至前腳，接著改變方向回至中場，持球臂向上揮觸，以手肘引導延展手臂，手與球拍的跟進動作於自然情況下完成，雙腳蹬地回至中場。

持續練習過頂與低手的過遠擊球，一直到擊球動作順暢為止，而且每次擊球必須為準確有效與強力的，每次擊球時需要專注於球與球拍接觸的瞬間，並且大聲地對著教練或有經驗之隊友說出當下的想法，在進入下一單元之前，記錄此階段練習之得分。

---

### 高遠擊球練習

| | | |
|---|---|---|
| 1. 低手高遠擊球影子練習 | 10分得＿＿＿＿ |
| 2. 過頂高遠擊球影子練習 | 10分得＿＿＿＿ |
| 3. 往前低手高遠擊球 | 10分得＿＿＿＿ |
| 4. 發球與高遠擊球 | 10分得＿＿＿＿ |
| 5. 正手及高遠回擊球 | 10分得＿＿＿＿ |
| 6. 拋球與反手高遠回擊球 | 10分得＿＿＿＿ |
| 7. 過頂高遠來回球 | 10分得＿＿＿＿ |
| 8. 輪替高遠擊球 | 10分得＿＿＿＿ |
| 9. 直線與對角高遠擊球 | 10分得＿＿＿＿ |
| **總分** | **90分得＿＿＿＿** |

---

得分於65分以上，表示已準備向前移至下一單元，得分於65以下必須重複練習不熟悉之部分，可以邀請教練或有經驗之隊友協助評估技巧並提出建議。

單元五的內容為網前吊小球，吊小球有諸多方法，重點為回球時超越網且落在前發球線之前的場區，並且盡可能地愈靠近網愈好，這種變速球能夠壓迫對手向網前進處理球之時間以及回球的反應，亦給下一個回擊高遠球之機會，迫使對手必須退至後場來回球。

61

# 單元五　網前吊小球

網前吊小球的特性球剛好越網而直接掉落到地面，網前吊小球拍面稍微向下，擊球點比過頂擊高遠球更遠離身體前方，吊小球時並非用力擊球而是擋球的一種型態。成功的過頂吊小球最重要的特性是欺敵假動作，假動作執行的逼真對手幾乎沒有回球的機會，缺點是球的飛行速度是緩慢的，當然球速緩慢的擊球給對手有更多處理球的時間，吊小球的準備動作和其他的高手擊球的準備動作相似，同樣的上半身要轉動，加上肩膀的帶動產生了欺敵的假動作，因為不是用力擊球而是擋球或切球的情況，球速瞬間趨緩直接過往下墜到地面上。結合過頂或低手網前吊小球和高遠擊球，能夠迫使對手疲於奔命於防守工作，擊出有效的網前吊小球的落點是在場區的四個角落，造成對手必須可能的去完成補位。

## 正手網前吊小球

擊出正手網前吊小球的意圖應該是在你要擊出過頂高羽球或扣殺時瞬間的轉變，轉變最大的差異點就是揮拍的速度，成功的過頂正手網前吊小球是採用握手式的握拍，擊球的位置在球的後方和球的飛行方向一致，進入擊球位置時，轉腰肩膀側向網，球拍向前上方延展來迎球，擊出過頂網前調小球時盡可能在身體前方最高點來擊球。

以拍頭引導，球拍向前上方延展來迎球，向下擊球（圖5.1b），拍頭朝下跟進動作和球的飛行方向一致（圖5.1c），觸球時拍面角度微微傾斜。

圖5.1　過頂正手網前吊小球

a　　　　　　　　　　b　　　　　　　　　　c

### 準備層面

- 採用握手式握拍。
- 回復至接球姿勢。
- 手臂上舉。
- 向後引拍手腕上曲。
- 身體重量平均分配在雙腳的前腳掌。

### 執行層面

- 轉向來球。
- 向前最高點揮拍來觸球。
- 向前延展球拍去擋球。
- 拍頭的行進和球的方向一致。

### 跟進層面

- 延續動作跟球飛行方向一致。
- 揮拍要跟球的角度一致。
- 雙腳蹬地回到場區的中間。
- 回到中場。

羽球

邁向卓越

**錯誤的步驟**

執行網前吊小球時並未轉肩並且上半身的用力過猛來擊球。

**修正的方法**

側身擊球才是正確的方法，向上延展球拍迎球，轉動上半身擲拍臂完全的伸展來觸球。

**錯誤的步驟**

欺敵假動作不夠逼真容易被對手識破。

**修正的方法**

採用側身準備動作，所有的準備動作和上半身的動作應該和過頂擊球的動作一樣。

對角網前吊小球擊球時的動作和過頂擊球的動作一樣，不同點的拍面微微向後傾斜切球，側切球的動作和網球的側切發球類似，同樣的具有欺敵的效果，這種欺敵的動作經常造成對手很難去處理，也是致勝的武器之一，很重要的是在出拍前肩膀必須先側向網，這是欺敵動作的元素之一，在揮拍時手肘不要彎曲，才不至於提醒對手吊小球的意圖和動作。

當近網時應採用低手擊球方法來執行網前吊小球（圖5.2），延展慣用臂拍面置於來球的下墜點來回球，當球觸及擊球區時，緩衝力道盡可能讓球剛好越網而過下墜落地，觸球時掌心朝上盡可能在身體前方最高點向上擊球，完成揮擊動作時球拍向上的動作和球的拋物線方向一致，觸球時間愈早造成的效果愈好，向上挑球的動作，是以肩膀而不是手或手腕，當球在拍面向上彈起，過往下墜迅速落入對方場區時是最佳的網前吊小球，因此能夠盡快上網控球，那麼對手在網前要回擊吊小球的時間就被壓縮了。

**圖5.2** 低手正手網前吊小球

**準備層面**

• 採用正手握手式握拍。

• 延展慣用手和腳。

• 持拍臂上舉。

• 身體重量微微置於前腳。

a

**圖5.2** 低手正手網前吊小球（續）

## 執行層面

- 朝著球的方向轉身伸展。
- 球拍置於下墜來球的下方。
- 手腕處於向後曲的位置。
- 向下引拍盡可能在最高點觸球。
- 肩膀帶動球拍擊球過網。

## 跟進層面

- 採用簡短的向上揮擊動作和球的飛行方向一致。
- 運用球拍擊球過網。
- 雙腳蹬地回到場區的中間。

b

c

### 錯誤的步驟

網前吊小球的回球過高，對手有充裕的時間到位並可能回擊得分，回擊無力未能過網。

### 修正的方法

多花時間在球感的練習，練習從後場到網前的吊小球。

　　髮夾式側切球過網能夠造成對手回球時的難度，另一種網前吊小球的方法是推擊法，特別在雙打比賽時應用網前推擊法造成迫使對手的後場球員必須向上回球有時候也會造成隊友之間處理回球時的混淆和疑惑，能夠愈快愈高觸球，那麼網前的回球就更有陡峭。

# 反手網前吊小球

當來球處於非反手位置時，移位至來球後方的位置，並採用反手握拍，應用過頂反手網前吊小球回擊時，轉肩側向網當來球下墜至擊球區時，以手肘引導手向上揮拍觸球（圖5.3），盡可能在身體前方最高點觸球，球拍的完成方向和球的拋物線一致，拍面向下來控制球靠近網的上緣，上臂外展是整個力量的主要來源，因為是應用擋球或側切球的方式，因此失速並且過網後球直接的墜地，在運用過頂反拍網前吊小球擊球後，身體的重量迅速的移轉向後回到中間場區。

---

**圖5.3** 過頂反手網前吊小球

---

準備層面

- 採用反拍握把。
- 恢復至接球姿勢。
- 持拍臂和地面平行。
- 球拍頭向下。
- 身體重量平均分配。

a

圖5.3　過頂反手網前吊小球（續）

b

c

執行層面

- 慣用腳向前跨出。
- 轉身背向網。
- 向後引拍手腕屈曲。
- 手肘引導向前揮擊。
- 拍頭引導手部向上觸球。
- 盡可能在最高點觸球。
- 拍面角度向下。
- 前臂外展。

跟進層面

- 延續向下揮拍跟球的飛行路線一致。
- 朝著網揮拍。
- 後腳蹬地回到場區的中間。
- 回到終場。

錯誤的步驟

準備姿勢不佳，持拍臂並未充分伸展，儘量在控制之下迅速移位正確的擊球位置，並且儘速擊球。

修正的方法

拍面角度微微向上擊出像彩虹般的拋物線，完全伸展持拍臂拍面微微向下來觸球將球送至對方的場區。

當近網時應採用低手擊球方法來執行網前吊小球，延展慣用臂拍面置於來球的下墜點來回球，當球觸及擊球區時，緩衝力道盡可能讓球剛好越網而過下墜落地（圖5.4），觸球時掌心朝下盡可能在身體前方最高點向上擊球，運用肩膀來向上挑球的動作，球拍的完成的動作和球的飛行拋物線方向一致。

## 圖5.4　低手反手網前吊小球

### 準備層面
- 採用反拍握把。
- 慣用手和腳向前延展。
- 持拍臂向上揮動掌心朝下，球拍與地面平行。
- 身體重量置於前腳。

a

### 執行層面
- 轉向來球方向。
- 球拍置於下墜球的下方。
- 手腕置於屈曲位置。
- 球拍向下引拍向上觸球。
- 運用肩膀的提拉將球彈起越網。

b

圖5.4　低手反手網前吊小球（續）

c

**跟進層面**

- 延續向上揮拍跟球的飛行路線一致。

- 固定手腕肩膀上舉。

- 雙腳蹬地回到場區的中間。

**錯誤的步驟**

場上的反應時間和動作過於緩慢結果，造成回球時間的延宕。

**修正的方法**

多花點時間在體能訓練和步伐移位上。

任何水準的羽球選手在比賽時都遭遇到網前吊小球的困難，只有透過反覆的練習才能造就比賽場上的成功。

## 網前吊小球練習一　低手網前吊小球

球員A運用過頂拋球給在網的另一邊的球員B，球員B跨步向網前擊出低手正手網前小球，落地在前發球線和網之間的區域（圖5.5），G球員回球給A球員，球員操作3次之後就輪替位置，A球員替代G球員的位置，B球員替代A球員位置，F球員就移位到G球員位置後面。球員一直替換位置，一直到所有球員都輪過每個位置。

**成功的檢查點**

- 慣用手和手臂引導。

- 肩膀向上提拉。

- 彈擊球過網。

| 操作成功的給分 |
| --- |
| 3次成功的低手正手吊小球 = 5分 |
| 2次成功的低手正手吊小球 = 3分 |
| 1次成功的低手正手吊小球 = 1分 |
| 你的分數：＿＿＿＿＿ |
| |
| 3次成功的低手反手吊小球 = 5分 |
| 2次成功的低手反手吊小球 = 3分 |
| 1次成功的低手反手吊小球 = 1分 |
| 你的分數：＿＿＿＿＿ |
| 你的總分：＿＿＿＿＿ |

羽球

邁向卓越

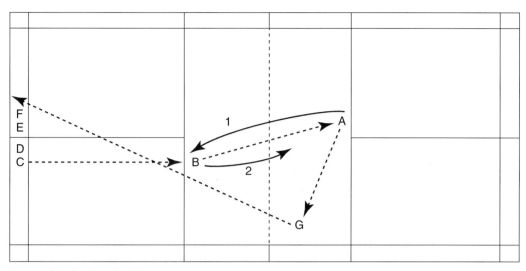

圖5.5　低手網前吊小球練習

圖5.6　對角網前吊小球

## 網前吊小球練習二　對角網前吊小球

　　A球員運用過頂拋球給在往另一邊的球員B，球員B向網前跨步擊出低手

對角網前小球（圖5.6），這種對角低手網前吊小球回擊，應該要貼網而過落

在前發球線和網之間的區域，C球員把球撿起回球給A球員操作3次之後，球員就替換位置，一直到所有球員都完成每一個位置。

成功的檢查點

• 慣用手和手臂引導。

• 肩膀向上提拉。

• 球拍角度朝著對角線將球推擊過網。

## 網前吊小球練習三　網前輕挑吊小球

A球員運用過頂拋球給在網另一邊的球員B，球員B向網前跨步擊出低手對角網前小球（圖5.7），C球員紀錄下每次的擊球在回擊給球員A，當在球員B的位置時拍面要保持跟地面平行，並且要位於下墜球的底部向上輕挑，過網下墜落地，這種輕挑網前小球回球，應該儘量要貼網並且在前發球線的前面落地，球員操作3次之後，球員就替換位置，一直到所有球員都完成每一個位

圖5.7　網前輕挑吊小球

置。

成功的檢查點

- 肩膀來引導。
- 運用手腕側身動作來刷球。
- 運用拍面側切擊球輕挑過網。

3次成功的輕挑吊小球 = 5分

2次成功的輕挑吊小球 = 3分

1次成功的輕挑吊小球 = 1分

你的總分：＿＿＿＿＿

## 網前吊小球練習四　髮夾式網前吊小球

　　這個練習兩個隊友分別站在網前的兩邊，應用低手吊小球來相互的傳球，球的落點必須落在前發球線的前方，雙方持續的互相傳球一直到有一方失誤為止，此練習可以當作一種得分的比賽，當任何一方失誤時，另一方就得一分，每一場比賽，可以是11分或15分，哪一方先發球並不重要。

成功的檢查點

- 以球拍頭來引導。
- 在身體前方觸球。
- 擋球剛好越網而過。

來回球的練習時

超過5分鐘來回球無失誤 = 10分

3～4分鐘來回球無失誤 = 5分

圖5.8　髮夾式網前吊小球

1～2分鐘來回球無失誤 = 1分

你的分數：_____

計分練習：

贏球 = 10分

輸球 = 5分

你的分數：_____

你的總分：_____

## 網前吊小球練習五　自拋過頂網前吊小球回擊

這不是一個來回球的練習，要準備5～6個球，側向站立靠近後場的位置，持拍時，掌心向上持拍放置一個球在拍面上，以上挑的動作將球向上拋起，運用正手或反手過頂擊球法來擊球，當球離開拍面時迅速的抬起手臂，完成向後引拍時拍頭應該向下，然後以手肘引導，持拍臂向上延展，用力轉動前臂和手腕，帶動球拍向上來在最高點觸球，同時身體的重量由後腳轉移到前腳，拍面觸球時，應該是向下的角度，觸球前球拍來引導手的動作，成功的回擊球的落點應該在雙打前發球線附近，操做20次的正手回擊和20次的反手回擊。

### 1. 增加難度
- 每次擊球後回復準備位置。
- 正手和反手擊球交替運用。
- 每次網前移位觸擊前發球線然後回復到後場。
- 運用網球拍替代羽球拍，造成更重的負荷。

### 2. 降低難度
- 身體處於側向的擊球姿勢。

- 球拍已經處於向上的位置。
- 身體重量已經轉移到後腳的情況。

### 3. 成功的檢查點
- 手肘朝上球拍向下。
- 以手引導球拍向上擊球。
- 快速揮拍。

### 操作成功的給分
20次成功的正手網前吊小球 = 5分

15～19次成功的正手網前吊小球 = 3分

10～14次成功的正手網前吊小球 = 1分

你的分數：_____

20次成功的反手網前吊小球 = 5分

15～19次成功的反手網前吊小球 = 3分

10～14次成功的反手網前吊小球 = 1分

你的分數：_____

你的總分：_____

羽球

邁向卓越

74

## 網前吊小球練習六　過頂網前吊小球發球和回擊

這不是一個來回球的練習，要準備5～6個球，隊友高遠發球給網另一邊的隊友，接球的隊友有運用正手或反手的過頂網前小球回擊，發球的隊友位置是在靠近前發球線接球的隊友則站在後場靠近雙打後發球線成功的回球因落於網和前發球線之間的區域，接球的隊友操作30次正手和30次的反手回球之後，再角色交換。

### 成功的檢查點

- 球拍頭引導向下擊球。
- 運用球拍擋球越網。
- 快速揮拍。

30次成功的過頂正手網前吊小球 =

10分

　　20～29次成功的過頂正手網前吊小球 = 5分

　　10～19次成功的過頂正手網前吊小球 = 1分

　　你的分數：＿＿＿＿＿＿


　　30次成功的過頂反手網前吊小球 = 10分

　　20～29次成功的過頂反手網前吊小球 = 5分

　　10～19次成功的過頂反手網前吊小球 = 1分

　　你的分數：＿＿＿＿＿＿

　　你的總分：＿＿＿＿＿＿


## 網前吊小球練習七　三次來回球網前吊小球

這是一個三次來回球的練習，每組隊友準備4～6個球，隊友A開始發球，發出一個高遠球，隊友B應用正手或反手的過頂網前吊小球來回球過網，發球的隊友位置靠近前發球線運用低手網前吊球來回擊接球隊友的網前小球，成功的回球應該落在網和前發球線間的區域，操作30次正手回球，角色互換接著操作30次反手回球。

此練習的另一個選項就是在每次來回球開始時球員就角色替換因此球員A發球給球員B，球員B應用正手過頂網前吊小球回擊給球員A，球員A應用低手網前吊小球回擊給球員B，因為球員B結束了來回球所以球員B在下一個來回球時首先發球，完成30次的正手回球，然後運用反手回球再重複練習。

### 成功的檢查點

- 球拍頭引導。
- 延展手臂在身體前方觸球向下擊球。
- 球的角度向下。

30次成功的正手網前吊小球 = 10分

　　20～29次成功的正手網前吊小球 =

5分

　　10～19次成功的正手網前吊小球 ＝ 1分

　　你的分數：＿＿＿＿＿

　　30次成功的反手網前吊小球 ＝ 10分

20～29次成功的反手網前吊小球 ＝ 5分

　　10～19次成功的反手網前吊小球 ＝ 1分

　　你的分數：＿＿＿＿

　　你的總分：＿＿＿＿

## 網前吊小球練習八　高遠球—網前吊小球—網前吊小球—高遠球持續來回球

　　球員A發球、球員B接球，球員A首先發出一個高遠球，球員B應用正手或反手過頂吊小球來回擊給球員A，球員A的運用髮夾式網前吊小球來回擊，球員B向網前移位應用低手高遠球來回擊，整個來回球無限制的按照高遠球—網前吊小球—網前吊小球—高遠球的模式持續進行，盡可能的雙方來回球能夠持續愈久愈好，好的回擊應該落在靠近前發球線附近。

### 1.增加難度

- 每次擊球後回復到場地中央的準備位置。
- 以更快速度來執行網前吊小球或者對角吊小球和直線吊小球交替的應用。
- 要求擊球者在場區中央位置準備，餵球者擊出更快速的對角網前吊小球，使得擊球者必須更迅速的來做出有效的回擊。

### 2.降低難度

- 以側身向網的準備姿勢就定位。
- 持拍臂向上舉起拍面角度微微向下。
- 身體重量已經轉移到後腳。

### 3.成功的檢查點

- 運用正確的握拍和準備位置。
- 球拍必須盡可能進網來觸球。
- 嘗試著來回球更久。

### 操作成功的給分

　　完成30次持續來回球的高遠球—網前吊小球—網前吊小球—高遠球 ＝ 10分

　　完成20～29次持續來回球的高遠球—網前吊小球—網前吊小球—高遠球 ＝ 5分

　　完成10～19次的持續來回球高遠球—網前吊小球—網前吊小球—高遠球 ＝ 1分

　　你的總分：＿＿＿＿

## 網前吊小球練習九　來回對角網前吊小球

　　球員A擊出高遠球至對面的球員B

的正拍或反拍的深遠位置（圖5.9），

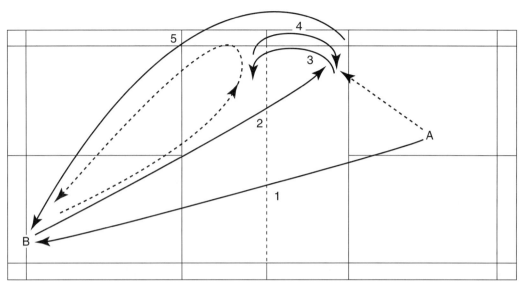

**圖5.9** 來回對角網前吊小球

球員B則回以對角網前小球，球員A移位向前回擊網上下墜球，球員B也以同樣的網上下墜小球回給球員A，當球員A擊出對角高遠球給球員B的正手或反手深遠觸的時候，整個來回球就重新開始，整個練習的程序：對角吊小球—網上下墜球—網上下墜球—對角高遠球，球員可以應用全部的正手吊小球或是全部的反手吊小球或是混和的應用，這是一個針對對角移位速度和動作練習的場上來回球練習。

1. 增加難度

- 在練習程序的最後一項可以加上隨意的對角網前吊小球來替代對角的高遠球。
- 以較短的時間擊出較低且遠的擊球。

- 更快速的擊出網前吊小球。

2. 降低難度

- 高遠球的高度高一點讓夥伴有更多時間去處理。
- 以較慢的速度擊出網前吊小球。
- 將練習劃分為正手練習和反手練習。

3. 成功的檢查點

- 球拍頭引導在身體前方觸球。
- 延展持拍臂擊球角度對角向下擊球。
- 球剛好越網而過。

單元五　網前吊小球

# 網前吊小球成功結論

切記要迅速進入準備位置，球拍在身體前方來觸球，球拍頭引導持拍臂向上揮擊，球拍面角度向下來擊出過頂網前吊小球，完成網前吊小球之後，兩腳蹬地身提微微至場區中央。

持續的練習網前吊小球的連續性和節奏性的動作，成為比賽時有效的欺敵假動作的擊球方法，每次練習時聚焦在每次的擊球並且要求教練要大聲的給予講評，記錄下單元五的練習得分之後，在網前移至下一單元。

得分在20分以上表示可以向前移至下個單元，得分少於70分就必須加緊練習，要求教練或較具經驗的隊友來幫忙評估動作和技巧，單元六的主題是扣殺，扣殺通常是針對短回球的一個得分擊球方法，特別是在雙打比賽時，能夠主動積極的取得進攻上的優勢，扣殺和排球比賽的殺球相似，主要是要終結對手，甚至於替球隊贏得勝利。

---

**網前吊小球練習**

| | |
|---|---|
| 1. 網前低手吊小球 | 10分得____ |
| 2. 網前對角吊小球 | 10分得____ |
| 3. 網前輕挑吊小球 | 5分得____ |
| 4. 網前髮夾式吊小球 | 10分得____ |
| 5. 自拋過頂網前吊小球回擊 | 10分得____ |
| 6. 發球和回擊過頂吊小球 | 20分得____ |
| 7. 三次來回球網前吊小球 | 20分得____ |
| 8. 高遠球—網前吊小球—網前吊小球—高遠球持續來回球。 | 10分得____ |
| 9. 對角網前吊小球來回 | 10分得____ |
| **總分** | **100分得____** |

# 單元六　扣殺

　　扣殺的特點球速快、強力擊球，尤其是當對手回球高又短的時候，就是扣殺得分的絕佳時機，扣殺強調的是力道，但是身體的平衡和擊球的時間差是扣殺前的必備條件，成功的過頂扣殺，除了速度以外，就是球拍向下的揮擊角度，在身體前方的觸球點比起高遠球和網前小球，來得要遠一點，拍面朝下擊球扣殺角度陡峻，對手是很難成功回擊。

　　球員在執行扣殺動作時，也會遭遇到困難，尤其在強力扣殺遭遇到對手回擊時，通常回復時間就被壓縮，過頂的扣殺非常消耗能量，因此很容易造成選手的疲累，扣殺點離網愈遠扣殺的角度就比較不能陡峻，因此選擇有效扣殺

的正確時機，就變得很重要，離網愈遠的扣殺，球的飛行速度就較慢，因此對手就比較容易回擊，過頂扣殺的價值是在壓縮對手準備或回球的時間，尤其在雙打比賽扣殺更廣泛的被應用，根據高速的動作分析過頂扣殺球抵達對手球拍時，已經失去了大約初速的三分之二，扣殺角度愈是陡峻，對手反應時間就愈短，同樣地，扣殺落點愈準確，對手要去處理的場區就愈寬闊。

　　扣殺的向下角度不夠陡峻的話，造成的效果就比較小，因為球停留在空中的時間較長，也給對手有更多的時間來回擊，因此突然的給予平快的扣殺，足以讓對手措手不及。

## 正手扣殺

　　過頂的正手扣殺的意圖，通常是過頂高遠球或是網前吊小球，主要的差異點就是出拍的速度，成功的過頂扣殺主要是採用握手式握拍，進入準備位置與

來球的方向一致（圖6.1a），同時轉身肩膀側向網，球拍向後拉，拍頭向下置於肩頰骨的後方，持拍手臂手肘朝上。

　　手肘引導球拍向上延展來迎球，

儘量在身體前方最高點來執行過頂正手扣殺，觸球時拍頭必須以最快的速率來揮擊，觸球時拍角度向下（圖6.1b），保持身體平衡來完成肩膀持拍臂和手腕的最大爆發力，觸球之後，前手臂迅速外展向下跟進與球的飛行方向一致（圖

6.1c），球拍頭向下完成整個扣殺動作，當身體重量從後腳轉移至前腳時，非慣用臂和肩膀協助來完成上半身的轉動，雙腿剪刀似的蹬地動作讓身體回到場區的中央。

## 圖6.1　正手扣殺

**準備層面**

- 採用握手式握拍。
- 回復至準備姿勢。
- 轉肩雙腳前後站立。
- 持拍臂向上球拍頭朝上。
- 身體重量平均分配在前腳掌。

a

羽球
邁向卓越

圖6.1　正手扣殺（續）

b

c

## 執行層面

- 身體重量置於後腳。
- 非慣用臂向前延伸協助平衡。
- 向後拉拍時手腕後曲。
- 向前上方揮拍儘量在最高點觸球。
- 向前上方甩拍拍面朝下。
- 非慣用臂協助上半身轉動速度。
- 球拍頭和球的行進方向一致。

## 跟進層面

- 向下揮擊穿越身體前方。
- 運用剪刀動作雙腳蹬地。
- 運用揮擊動量回到場區中央。

### 錯誤的步驟

錯誤的揮拍動作導致扣殺時間差的錯誤。

### 修正的方法

多花點時間在扣殺練習動作才能把握正確觸球時間。

單元六　扣殺

**錯誤的步驟**

身體失去平衡造成不能夠產生扣殺最大速率和力量。

**修正的方法**

保持非慣用臂向前延展協助身體平衡。

即使扣殺的初速達到每小時兩百哩上，飛越球網向下墜的球瞬間失速，高速攝影動作分析指出球飛到對手時的速度大約是初速的三分之一，強力的扣殺動作和網球的過頂殺球相似，主要是當對手擊出短球時能夠扣殺得分，在雙打比賽時，擊球超越網前的選手迫使後場選手必須回高球，就給了自己或隊友扣殺的機會，扣殺在雙打比賽時容易造成對手球員回球時的疑惑，扣殺回球時觸球的時間愈早高度愈高，球速就愈快角度就愈陡峻，通常扣殺是從後場擊球不容易直接得分，因此在雙打比賽時，運用扣殺或半扣殺的動機是要製造隊友在網前的殺球得分機會。

# 反手扣殺

反手扣殺是一種精進的技巧包括：正確的時間差、較高的技術水平以及良好的眼手協調性，在步驟八也會討論到反手扣殺，過頂反手扣殺應該是建議用在過頂的高遠球或網前吊小球，主要的差異點是揮拍的速度，操作過頂反手扣殺時，採用反手握拍身體一致來球的後方採取準備姿勢（圖6.2a），進入擊球位置時，轉腰背向網引拍向後，球拍頭向下，保持前手臂和地面平行，反手握拍時，球拍和大拇指朝下。

**錯誤的步驟**

反手扣殺軟弱無力。

**修正的方法**

缺乏力道的原因可能是不正確握拍造成的，無論是正手或反手扣殺均採用握手式握拍，大拇指在反手的正上方能夠增加槓桿作用，產生較大的力量。

手肘引導球拍延展向上觸球儘量在最高點扣殺，以最快的速率揮拍擊球，觸球瞬間拍面應該向下（圖6.2b），保持身體的平衡創造肩膀、持拍臂和腰部的最大力量，觸球後前手臂迅速外展，向下跟進動作和球的飛行方向一致（圖6.2c），完成扣殺時球拍頭向下，上半身轉動的力量和身體力量從後向前的轉

移，使身體回至場區的中間，反手扣殺 度朝著地面下墜。
當球越網而過的速度會迅速下降並且角

圖6.2 反手扣殺

a

b

c

準備層面

- 應用反手握拍大拇指在上。
- 回復至準備姿勢。
- 轉肩背向網。
- 持拍臂向上和球拍地面平行。
- 球拍頭朝下。
- 身體重量平均分配在兩腳掌。

執行層面

- 身體重量置於後腳。
- 非慣用臂向前延展協助身體平衡。
- 向後拉拍手腕屈曲，大拇指向下。
- 球拍引導向前盡可能在最高點揮拍。
- 向上甩拍，拍面朝下。
- 應用非慣用臂來協助上半身的快速轉動。
- 球拍頭和球的飛行方向一致。

跟進層面

- 揮拍和球的飛行方向一致。
- 揮拍的跟進動作輕鬆自然。
- 應用前臂後腳蹬地。
- 運用上半身的轉動，身體重量移轉回復到場區的中間

反手扣殺軟弱無力。

**修正的方法**

擊球前準備姿勢不當，將導致反手扣殺軟弱無力，應迅速移至正確擊球位，且轉肩並上臂上舉，採用正確反手握拍，前臂迅速外展。

若對方回球較短，就叮藉機使用強力的反手扣殺，使對手直接失分或防守回高球，在雙打比賽中，反手扣殺也可造成對手之隊友間瞬間遲疑，且無法在第一時間決定回球人選，扣殺時，愈快或愈高之擊球，可使球速更快或角度愈陡。

初學者或中等球員在扣殺時，因臉手間協調性不足，故常使用不正確姿勢及軟弱無力之擊球，需透過不斷重複練習才可促成過頂扣殺所需之時間差及平衡。

## 扣殺練習一　加重負荷扣殺

將球拍套套在球拍上，練習正手或反手過頂扣殺，增加重量及空氣阻力可助於擊球臂肌力及耐力發展。

**成功的檢查點**

- 非慣用臂向上延展協助身體平衡。
- 手肘上舉且手腕後屈，並在反手揮拍位球拍向後且向下。
- 手腕和手引導球拍向上揮擊。

### 操作成功的給分

完成30次正手扣殺 = 5分

完成30次反手扣殺 = 5分

你的分數：＿＿＿＿＿

## 扣殺練習二　自拋與扣殺回球

這不是一個來回球練習，所以需先準備五至六球，兩位隊友站在網兩邊且靠近場區中間約在雙打後發球線前方3～4英尺（約1公尺），掌心朝上握拍並在拍面放置一球，運用低手挑球將球向上拋起，球位於慣用肩及身體前方，向上揮動球拍，運用正手或反手過頂擊球動作，可造成扣殺回球落於對手腳附近，一個好的回球應落在位於中場之對手腳附近，場上可同時有兩位隊友站對角練習扣殺動作，正手及反手各扣殺30次。

**成功的檢查點**

- 球拍頭引導。
- 球角度向下。
- 球拍向下扣殺。

30次成功正手扣殺 = 10分

20～29次成功正手扣殺 = 5分

10～19次成功正手扣殺 = 1分

你的分數：＿＿＿＿＿＿

30次成功反手扣殺 = 10分

20～29次成功反手扣殺 = 5分

10～19次成功反手扣殺 = 1分

你的分數：＿＿＿＿＿＿

你的總分：＿＿＿＿＿＿

## 扣殺練習三　發球及回球扣殺

這不是一個來回球練習，所以需先準備5～6球，兩位隊友站在網兩邊且靠近場區中間約在雙打後發球線前方3～4英尺（約1公尺），一位隊友使用低手發球擊出高遠球給對面隊友，另一隊友使用過頂正手或反手回發球，扣殺回球應落在隊友腳附近（圖6.3），好的回球應落在中場隊友腳附近，且落點會使隊友無法救球，這是一個重複性練習，故接球隊友應操作正手及反手各30次，完成後交換位置。

操作成功的給分

30次成功正手扣殺 = 10分

20～29次成功正手扣殺 = 5分

10～19次成功正手扣殺 = 1分

你的分數：＿＿＿＿＿＿

30次成功反手扣殺 = 10分

20～29次成功反手扣殺 = 5分

10～19次成功反手扣殺 = 1分

你的分數：＿＿＿＿＿＿

你的總分：＿＿＿＿＿＿

圖6.3　發球及回球扣殺練習

## 扣殺練習四　發球－扣殺－擋球回球

這是一個三種擊球之來回球，需先準備一至兩球，隊友應用高遠發球給另一隊友，接球隊友使用正手或反手過頂扣殺，回球至隊友腳附近，隊友運用擋球或網前低手吊小球回擊接球隊友在靠近中線中場扣殺，每位隊友持續至少30次發球－扣殺－吊球，完成後相互交換位置，好的扣殺回球應落在隊友腳附近，而好的擋球回擊應落在網及前發球線間區域。

### 成功的檢查點

- 球拍頭引導。
- 手臂延展。

- 在扣殺回球時運用球拍擋球，使球恰好過網落地。

| 操作成功的給分 |
|---|
| 30次成功正手來回球 = 10分 |
| 20～29次成功正手來回球 = 5分 |
| 10～19次成功正手來回球 = 1分 |
| 你的分數：_____ |
| |
| 30次成功反手來回球 = 10分 |
| 20～29次成功反手來回球 = 5分 |
| 10～19次成功反手來回球 = 1分 |
| 你的分數：_____ |
| 你的總分：_____ |

## 扣殺練習五　高遠球－扣殺－吊小球－高遠球來回練習

球員A拿一至兩球，並用低手擊出高遠球（圖6.4），球員B接球並運用正手或反手過頂扣殺回球至球員A腳附近，球員A運用擋球回擊球員B之扣殺球，球員B移置網前且運用低手深遠球回擊球員A之網前小球，來回按此順序模式無限次持續下去，好的吊小球回球應落在前發球線附近，盡可能持續來回球不中斷。

### 1. 增加難度

- 每次擊球後回至場區中央準備位置。
- 擊出較快速之扣殺或對角及直線吊小球交替運用。
- 回至場中央前觸網。
- 要求隊友擊出較陡峻之網前吊小球，

以練習有效及快速回球。
- 要求隊友擊出對角吊小球，以練習有效及快速回球。

### 2. 降低難度

- 在擊球前身體已側向網。
- 持拍臂已先上舉且球拍角度微向下。
- 身體重量已轉移至左腳。
- 要求隊友擊出離網較遠之吊小球回球，可減少自身移位距離並有充裕時間做出有效回擊。
- 要求隊友擊出較高之吊小球回球，則可有較多時間回擊。

### 3. 成功的檢查點

- 扣殺角度向下並朝隊友腳方向。
- 在回扣殺球時，用球拍靠近網擋球。

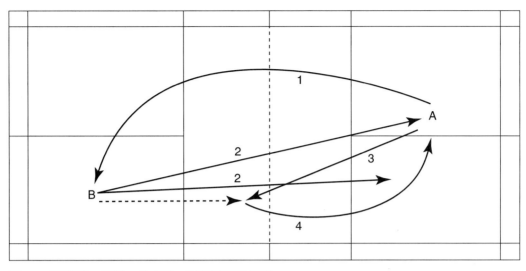

圖6.4　高遠球－扣殺－吊小球－高遠球來回練習

• 盡可能持續來回球不中斷。

　　來回球至少5分鐘以上並無失誤 = 10分

　　來回球至少3分～4分鐘以上並無失誤 = 5分

　　來回球至少1分～2分鐘以上並無失誤 = 1分

　　你的分數：＿＿＿＿＿

## 扣殺練習六　扣殺直線回球

　　這不是一個來回球練習，所以需先準備5～6球，兩位隊友站在網兩邊且靠近場區中間約在雙打後發球線前方3～4英尺（約1公尺），隊友運用低手發出高遠球，接球隊友運用扣殺回球回擊至任何一邊邊線，好的回球應落在靠近場中間之任一邊線，且落點會使隊友無法救球，這是一個重複性練習，故接球隊友應操作30次扣殺回球至邊線，且完成後球員交換位置。

成功的檢查點
• 延展手臂。
• 在身體前方非慣用邊觸球。
• 球角度向下。

　擊出30次成功扣殺 = 10分
　擊出20～29次成功扣殺 = 5分
　擊出10～19次成功扣殺 = 1分
　你的分數：＿＿＿＿＿

87

單元六　扣殺

## 扣殺練習七　對角正手扣殺來回球

　　A球員擊出高遠球給B球員正手或反手邊（圖6.5），B球員擊出對角線扣殺，A球員跨步在網前回擊直線小球，且B球員立即向前並運用網前小球回擊A球員，A球員再回擊出對角高遠球至B球員正手或反手邊，並重複此順序，高遠球－對角扣殺－吊小球－吊小球－對角高遠球，這是一個場上對角及速度練習。

### 1. 增加難度

- 每次擊球後回復至場中央位置。
- 擊出更快之對角線扣殺。
- 要求隊友擊出較陡峻之網前吊小球，以練習有效及快速回球。
- 在每個程序後，增加一個隨機網前吊小球來替代對角高遠球，此對角吊小球能夠訓練快速移位並擊出有效回球。

### 2. 成功的檢查點

- 扣殺角度向下至隊友雙腳。
- 在回擊扣殺時運用球拍靠網擋球。
- 盡可能持續來回球不中斷。

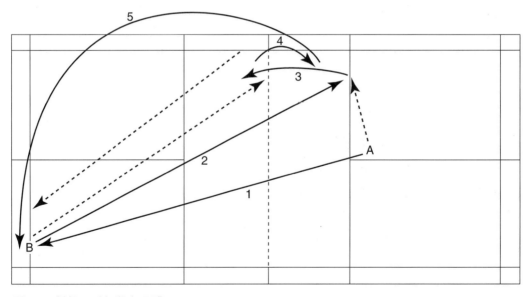

圖6.5　對角正手扣殺來回球

# 扣殺成功結論

切記需儘快進入準備狀態，向前揮拍在身體前方觸球，持拍頭引導持拍臂向上延展，持拍面向下擊出過頂強力扣殺，手部及球拍自然跟進，完成扣殺後雙腳蹬地，且身體回位至中場，認眞練習至過頂扣殺可爲持續節奏性動作且爲有效及強力之擊球，注視每次過頂扣殺並和教練或有經驗之隊友來分享擊球動作思維，在進入下一個單元之前，應記錄下每次練習得分。

得分在70分以上表示可移至下一單元，得分低於70分則針對不足地方加以練習，可要求教練或有經驗之選手來評估自身技巧，單元七爲探討平抽球，球是以較平之拋物線過網且幾乎和地面平行，平抽球可運用各種不同速度來執行，而每次不同之速度可造成對手視覺上之落差，有些平抽球是缺少速度造成落點在中場，另有些平抽球爲強力的，固可使其落點位在後場，平抽球在雙打比賽中，通常可迫使對手回擊出高遠球，則可製造出一進攻機會。

---

**扣殺練習**

| | |
|---|---|
| 1. 加重負荷扣殺 | 10分得＿＿＿ |
| 2. 自拋扣殺回球 | 20分得＿＿＿ |
| 3. 發球及回發球扣殺 | 20分得＿＿＿ |
| 4. 發球－扣殺－擋球回球 | 20分得＿＿＿ |
| 5. 高遠球－扣殺－吊小球－高遠球 | 10分得＿＿＿ |
| 6. 扣殺直線回球 | 10分得＿＿＿ |
| 7. 正手對角線扣殺來回球 | 10分得＿＿＿ |
| **總分** | **100分得＿＿＿** |

# 單元七　平抽球

平抽球是一種以平擊的方式將球以水平拋物線擊球過網，無論是正手或反手平抽球，球的高度剛好越網而下墜，平抽球的動作類似棒球的側壁投球動作，通常是在擊球至場區的邊線附近，正手和反手的平抽球通常是在肩膀和膝關節之間的高度來擊球，球的落點在場中央的左邊或右邊，因此提供了步伐練習的機會，運用滑步道擊球位置再出拍擊球，在單打和雙打比賽，平抽球是一種安全的打法，它屬於一種保守性的回球，造成對手擊出高球來回擊，當平抽球軟弱無力時，就類似推擊的打法，比賽時平抽球的主要目標是迅速擊球過網在地心引力的協助下而墜地，球的落點能夠遠離對手迫使它必須迅速移位，在

網下擊球對手的回球擊球時間就較短而且就必須將球挑高，平抽球如果能夠執行的準確和有效，將迫使對手匆忙來回球之餘，也更容易疲累，快速低平的平抽球，至對手的後方迫使對手無法強力回球，另一個選項是平抽球向著對手的身體，也會造成回球更困難，甚至於完全無法回球。

平抽球的打法可以是對角線或是直線，當從膝關節的高度以下強力擊出平抽球時，球會以較高的高度越網而過繼續飛行至對手的場區，給對手回球的優勢，在雙打時配速較慢的中場平抽球，當球飛行至網上最高點下墜時，是一種有效的擊球法。

## 正手平抽球

當在肩膀和膝關節高度之間來回球至對方場區中央的正手位置時，正手平抽球是回球的選項之一，準備位置開始應用慣用臂和腿向球的方向延伸，希望

能夠擊出正手平抽回球，平抽回球時以非慣用腳當支撐點轉肩，慣用臂和腿側向球的位置，持拍臂向後拉，曲肘和曲腕來完成向後揮擊的動作（圖7.1a），

向後揮擊和握手式握拍，使得球拍和地面平行，掌心朝上。

當持拍臂向前揮擊時，身體重量置於慣用腳上，持拍臂向上延展，前臂外展，當手腕伸展時觸球（圖7.1b），持

拍腳應該要向著邊線，球拍腿屈曲和伸展讓身體回到場中央，儘量在身體的前方最高點來擊球，身體前方的球拍角前方最高點，整個正確的擊球動作順序是手肘延展、前臂外展和扣腕。

**錯誤的步驟**
觸球時手臂的延展不完整造成太靠近身體觸球。

**修正的方法**
在遠離身體的位置來擊球，整個揮拍才不至於受限。

手和手腕的動作造成持拍臂的跟進動作自然，整個擊球的力道來自於快速的前臂外展，揮拍經過觸球區然後向前延伸與球的飛行方向一致（圖7.1c），

正手平抽球前臂持續外展，完成動作時掌心向下，擊球瞬間身體重量迅速轉移，持拍腿和腳將身體推回至場中央。

## 圖7.1　正手平抽球

**準備層面**

- 應用握手式握拍。
- 恢復至準備姿勢。
- 持拍臂上舉至胸前。
- 身體重量均衡分配至雙腳。

a

**圖7.1** 正手平抽球（續）

b

執行層面

- 慣用腳向前跨出。
- 轉身向著來球的方向。
- 向後拉拍時，手腕曲區掌心向上。
- 手肘引導向前揮拍。
- 盡可能在最高點觸球。
- 經由前臂外展產生力量。
- 轉動手和手腕。

c

跟進層面

- 持續向上揮拍和球的飛行方向一致。
- 自然地朝著網揮擊。
- 完成揮拍時掌心朝下。
- 以腳蹬地。
- 運用揮拍動量回復到場中間。

錯誤的步驟

回球軟弱無力。

修正的方法

曲肘引導前臂和地面平行，在手臂延伸揮拍。

# 反手平抽球

　　當回球至肩膀和膝蓋高度之間的反手位置，反手平抽球變成回球的選項之一，運用交叉步，慣用臂和腳向著來球延展，擊出反手位置的低回球，進入準備位置運用反手握手式握拍，以非慣用腳支撐轉肩來反手平抽回球，曲肘和曲

腕球拍臂向後拉至身體的後方，向後揮拍和反手握拍使球拍和地面平行，掌心朝下（圖7.2a）。

**錯誤的步驟**

迎球時拍面不正。

**修正的方法**

不正確的握拍是造成犯錯的主因，要運用握手式握拍，反手時大拇指在正上方，觸球時前臂的用力轉動是力量的主要來源。

當持拍臂向前揮擊時，身體重量轉移至慣用腳，持拍腳朝著邊線彎曲持拍腿，蹬地回到場中央，延展持拍臂前手臂外展，當扣腕時觸球（圖7.2b）。在遠離身體的持拍腳前方的最高點來擊球，這樣的話揮拍才不會受限，正確的揮拍程序是手肘延展，前手臂外展和扣腕。

手和手腕的動作造成持拍臂的跟進動作自然，整個擊球的力道來至於快速的前臂外展，球拍經過觸球區然後向前延伸與球的飛行方向一致（圖7.2c），反手平抽球前臂持續外展，完成動作時掌心向下，擊球瞬間身體重量迅速轉移，持拍腿和腳將身體推回至場中央。

**圖7.2** 反手平抽球

**準備層面**

- 運用反手握手式握拍，大拇指在上。
- 恢復至準備姿勢。
- 持拍臂上舉至胸前。
- 身體重量均衡分配至雙腳。

a

圖7.2 反手平抽球（續）

b

c

執行層面

- 慣用腳向前跨出。
- 轉身向著來球的方向。
- 彎曲慣用肘。
- 向後拉拍時曲肘掌心朝上。
- 手肘引導向前揮拍。
- 盡可能在最高點觸球。
- 前臂外展產生力量。
- 轉動手和手腕。

跟進層面

- 持續向上揮拍和球的飛行方向一致。
- 自然地朝著網揮擊。
- 完成揮拍時掌心朝上。
- 用腳出發。
- 運用揮拍動量回復到場中間。

 錯誤的步驟

平抽球時應用太多曲腕動作。

修正的方法

迅速移位至正確的擊球位置並在正確時間觸球，專注和練習可以改善技巧和時間差。

在所有水準的羽球比賽共同的錯誤是很明顯的，重複的演練有助於平抽球良好姿勢擊球的產出。

單元七 平抽球

## 平抽球練習一　負荷平抽球

　　將球拍套套在球拍上，練習正手或反手過頂扣殺，增加重量及空氣阻力有助於擊球臂肌力及耐力發展。揮拍時要產生揮擊的聲音，執行30次的正手負荷揮拍和30次的反手負荷揮拍。

### 成功的檢查點

- 應用側臂揮擊動作來執行平抽球。
- 向後拉拍時手腕後曲。

- 向前揮拍時，手肘引導球拍跟進。
- 正手平抽球完成動作時掌心向下，反手平抽球完成動作時掌心向上。

| 操作成功的給分 |
| --- |

　　完成30次正手平抽揮拍 = 5分
　　完成30次反手平抽揮拍 = 5分
　　你的總分：＿＿＿＿＿

## 平抽球練習二　從場中央平抽回球

　　球員A拋球至場中間附近給球員B，球員B應用慣用腳朝著邊線跨步，在正手擊出平抽球（圖7.3），平抽回球應該落在靠近場中央網和後場線之間的位置，球員C回球給球員A，完成三次的擊球之後，球員位置輪替，反覆練習反手拍位置。

### 成功的檢查點

- 以慣用腳和手肘引導。
- 延展持拍臂。
- 將球推擊過網落在靠近場中央邊線位置。

| 操作成功的給分 |
| --- |

　　擊出3次成功的正手平抽球 = 5分

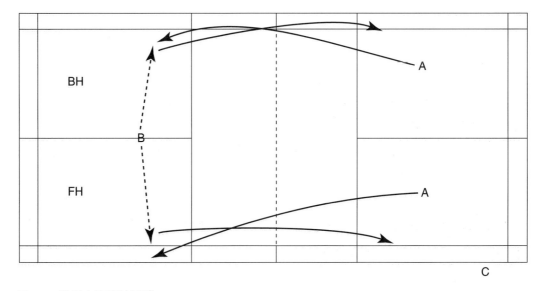

圖7.3　從場中央平抽回球

擊出2次成功的正手平抽球 = 3分

擊出1次成功的正手平抽球 = 1分

你的分數：＿＿＿＿

擊出3次成功的反手平抽球 = 5分

擊出2次成功的反手平抽球 = 3分

擊出1次成功的反手平抽球 = 1分

你的分數：＿＿＿＿

你的總分：＿＿＿＿

## 平抽球練習三　網前的對角平抽球

　　球員A用高手拋球給在場中央附近的球員B，球員B朝著邊線應用慣用腳跨部向前擊出對角平抽球，從正手位置擊出對角平抽球，球應該是飛越網上方，落在前發球線和端線之間的位置，G球員回球給A球員，在3次練習後，所有球員輪替位置，就是A球員代替G球員位置，B球員代替A球員位置，G球員就移到F球員後方，諸如此類。再練習反手的平抽球。

成功的檢查點

• 慣用腿和手臂引導。

• 手肘向前延展，前手臂轉動。

• 球拍面角度朝著對角，平抽球向場中央。

| 操作成功的給分 |
|---|
| 擊出3次成功的正手平抽球 = 5分 |
| 擊出2次成功的正手平抽球 = 3分 |
| 擊出1次成功的正手平抽球 = 1分 |
| 你的分數：＿＿＿＿ |
| |
| 擊出3次成功的反手平抽球 = 5分 |
| 擊出2次成功的反手平抽球 = 3分 |
| 擊出1次成功的反手平抽球 = 1分 |
| 你的分數：＿＿＿＿ |
| 你的總分：＿＿＿＿ |

## 平抽球練習四　拋擊平抽球

　　這不是來回球練習，故先準備5至6球，自拋球至正手或反手邊，擊出一個平抽球，一個好的平抽球落點應靠近往對面之隊友位置附近，各執行20次正手及反手平抽球，隊友亦以平抽球回擊正手及反手各20次。

成功的檢查點

• 慣用手及腳向前延展。

• 運用前臂外展帶動球拍擊球。

• 完成正手擊球動作後掌心應朝下，反手擊球則掌心朝上。

• 快而平之擊球。

| 操作成功的給分 |
|---|
| 20次成功正手平抽球 = 5分 |
| 10～19次成功正手平抽球 = 3分 |
| 10～14次成功正手平抽球 = 1分 |
| 你的分數：＿＿＿＿ |

20次成功反手平抽球 = 5分　　　你的分數：＿＿＿＿＿

10～19次成功反手平抽球 = 3分　　你的總分：＿＿＿＿＿

10～14次成功反手平抽球 = 1分

## 平抽球練習五　平抽回球

　　這不是一個來回球練習，故先準備5至6球，兩位隊友一組，一隊友先擊出中場平抽球，另一隊友運用正手或反手平抽球回擊，成功的回球落點應靠近對面中場隊友位置附近，執行30次以上回球後，即可互換位置。

成功的檢查點

・掌心向上以手肘引導。

・前臂外展掌心向下結尾。

・側邊擊球。

| 操作成功的給分 |
| --- |
| 30次成功平抽球 = 10分 |
| 20～29次成功平抽球 = 5分 |
| 10～19次成功平抽球 = 1分 |
| 你的分數：＿＿＿＿＿ |

## 平抽球練習六　四方向來回平抽球

　　四位球員站在場區，兩位球員一組且面對面站網兩邊，球員A擊出平抽球至對方底線正手位置給球員B，球員B運用反手平抽球回擊給球員A，球員C及球員D以相同模式練習，這是一種來回球練習，故須先準備1～2球，隊友應儘量皆使用平抽回球，使平抽球練習不間斷，回球應儘量保持水平並靠近隊友位置，才能盡可能持續來回練習，成功的回球應落在隊友靠近中場位置。

1. 增加難度

・四位球員只用一顆球，增加配速強化防守技巧及球拍掌控，快而平之平抽球角度，不論是直線或對角落點，重點皆在準備位置及反應能力。

・每次擊球後回至準備位置。

・每次平抽球間，側身移位並觸擊中

線，再回至準備位置。

・以較快速及較平之拋物線擊出平抽球，且儘早在身體前方擊球，此種快速變換擊球對手配速或方向，會減少自身跨步時間，則可運用轉動臀部來揮出正手或反手之平抽球。

2. 降低難度

・練習兩次來回球，重點在球拍控制及平抽回球方向。

・無論是中場正拍或反拍之平抽球，皆已先側身準備擊球。

・在嘗試正拍或反拍平抽球前，球拍臂已先向後拉拍。

・身體重量已移至慣用腳，持拍臂已先向後拉拍。

3. 成功的檢查點

・手肘引導。

- 快速揮拍且每次平抽球拋物線較前次平。
- 回球朝著隊友身體。

## 平抽球練習七　持續平抽來回球

　　這是一個來回球練習，故先準備一至兩球，一隊友擊出中場附近平抽球，另一隊友運用正手或反手平抽球回擊（圖7.4），這是一個持續性練習，故應嘗試練習使來回球且不間斷，回球應低且平並靠近隊友位置使來回球能持續延續下去，成功的回球落點應在隊友中場附近。

### 1. 增加難度
- 每次擊球後回至準備位置。
- 每次平抽球間，側身移位並觸擊中線，再回至準備位置。
- 以較快速及較平之拋物線擊出平抽球，且儘早在身體前方擊球，此種快速變換擊球對手配速或方向，會減少自身跨步時間，則可運用轉動臀部來揮出正手或反手之平抽球。

### 2. 降低難度
- 無論是中場正拍或反拍之平抽球，皆已先側身準備擊球。
- 在嘗試正拍或反拍平抽球前，球拍臂已先向後拉拍。

圖7.4　持續平抽來回球練習

- 身體重量已移至慣用腳，持拍臂已先向後拉拍。

3. 成功的檢查點

- 手肘引導。
- 快速揮拍且每次平抽球拋物線較前次平。
- 回球朝著隊友身體。

## 平抽球練習八　邊線及對角線平抽球交替練習

這是一個來回球練習，故先準備一至兩球，A球員擊出直線至端線之平抽球，球員B則使用對角線平抽回球，球員A從中場平抽球至球員B邊線反手位，球員B運用對角線平抽球回球至球員A位（圖7.5），球員A平抽回擊至邊線，球員B以反手平抽對角，球員應嘗試練習使來回球且不間斷，回球應低且平並靠近隊友位置使來回球能持續延續下去，成功的回球落點應在直線或對角線靠近中場位，來回球持續時間愈長愈好，當來回球結束時，球員可相互交換位置練習。

成功的檢查點

- 手臂延展且手肘跟進及前臂外展。
- 控制揮拍並擊球至中場。
- 對角線和直線擊球交替運用。

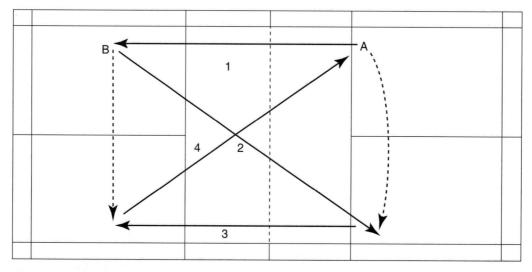

圖7.5　邊線及對角線平抽球交替練習

羽球

邁向卓越

來回球3～4分鐘以上無失誤＝5分　　　　你的分數：_____

來回球1～2分鐘以上無失誤＝1分

---

# 平抽球成功結論

　　觀察及評估正手及反手平抽球時，應用正確的握拍及準備位置，並盡可能在慣用腳前方觸球，擊球步伐需快速變化方向且回至中場，當執行側手擊球動作時，向前揮動持拍臂並以手肘引導，手及球拍自然跟進，重點為前臂強力外展及正手平抽球完成後掌心朝下，反手則朝上，完成擊球動作後，運用慣用腳蹬地協助身體回至中場。

　　持續練習正手及反手平抽球，整體動作需順暢且為有效及準確之擊球，每次擊球時應聚焦在擊球點上，可試著和教練或有經驗之球員討論，在進入下一單元前，應記錄下每次練習得分。

　　得分在60分以上，表示可向前移至下一單元，得分在60分以下，則應針對不足之處重複演練，可要求教練或有經驗之球員來評估自身技巧，單元八介紹較精進之技巧包括過頂擊球、網前擊球、回發球及欺敵假動作擊球，此步驟之設計是要強化基本技巧並協助球員從初學者躍進至更有競爭力之羽球選手。

---

### 平抽球練習

1. 加重負荷平抽球　　　　　　　　　　　10分得____
2. 中場平抽回球　　　　　　　　　　　　10分得____
3. 網前對角平抽球　　　　　　　　　　　10分得____
4. 拋擊平抽球　　　　　　　　　　　　　10分得____
5. 平抽回球　　　　　　　　　　　　　　10分得____
6. 四方向來回平抽球　　　　　　　　　　10分得____
7. 持續平抽來回球　　　　　　　　　　　10分得____
8. 邊線及對角線平抽球交替練習　　　　　10分得____

**總分**　　　　　　　　　　　　　　　　**80分得____**

# 單元八　進階技巧

進階技巧為超越初學者之技巧和練習，這些技巧之設計主要是提供選手企圖邁向進階之水平，此需要較高水平之運動能力及訓練，進階技巧包含五步驟、過頂擊球、網前擊球、回發球、欺敵假動作及巧計擊球。

初學者及中階球員需熟練掌握基本技巧，才可進階至更高技巧，即使球員尚未具備此高水平專業，但仍然可嘗試練習，這些進階技巧對比賽球員為必須技能，而對休閒娛樂球員則較少有運用空間，有企圖心想進階至更高程度之運動員，此步驟之內容可提升助力，而對休閒娛樂球員則可忽略此步驟。

## 過頂擊球

成功之擊球，主要是球員複製回球程序能力之穩定性及掌控，過頂擊球之準備姿勢為側身站立，非慣用腿向前而慣用腿在後（圖8.1a），所有擊球技巧應讓對手看似相同，在過頂擊球過程中，許多環節幾乎同時發生：身體重量由慣用腳轉移至非慣用腳、上半身轉動、背部後曲及手臂延展（圖8.1b），身體前方肌肉伸展且背部後曲，身體用力轉動，持拍臂向上延伸來迎球，雙腿延展身體向上，以剪刀式動作協助轉肩，慣用腿及上半身同時向前甩動，產生額外動能，若擊球動作是跳躍擊球時，剪刀式之動作可使慣用腿向前甩動，非慣用腿向後甩動，且能夠緩衝身體落地所產生之作用力。

跟進動作（圖8.1c）向下和來球飛行方向一致，前臂外展以及手和手腕動作使球拍自然跟進，持拍手完成動作時，掌心向外遠離身體。

圖8.1　過頂擊球

a　　　　　　　　　　b　　　　　　　　　　c

## 準備層面

- 以側身擊球姿勢站立。
- 非慣用腿在前，慣用腿在後。

## 執行層面

- 身體重量轉移。
- 上半身轉動。
- 背部後曲。
- 延展手臂迎球。
- 兩腿交叉。

## 跟進層面

- 側身擊球姿勢。
- 在慣用肩前向上揮拍來迎球。
- 以手引導拍面向外迎球並向上擊球。
- 上半身用力轉動帶動球拍迎合球配速。
- 身體重量由後轉向前即從慣用腳轉至非慣用腳。
- 運用前臂外展產生大部分力量。
- 運用手及手腕來完成球拍和手臂之結束動作。
- 完成動作時，慣用手掌心向外並遠離身體。

**錯誤的步驟**

過頂擊球缺少力量。

**修正的方法**

過頂擊球缺少力量之主因如下：準備姿勢未側向目標、身體重量轉移不徹底、手臂未完全延展、上半身未完全轉動、手臂外展不完整、跟進動作不確實。

# 繞著頭頂擊球

繞著頭頂擊球可產生較大力道或欺敵（圖8.2），可使回球較深且速度較快，強力的剪刀式腿部動作，通常造成之落地力量為球員非慣用腿3～4倍，此動作完成後球員應迅速回至中場。

**圖8.2** 繞著頭頂擊球

觸球

- 在非慣用肩上方觸球。
- 上半身強力轉動帶動球拍跟著球之行進路徑。
- 手臂外展產生大部分力量。
- 身體重量從慣用腳轉移至非慣用腳再恢復。
- 運用手及手腕來完成球拍和手臂之結束動作。
- 完成動作時，慣用手掌心向外並遠離身體。

 **錯誤的步驟**

繞著頭頂擊球無力。

**修正的方法**

無力之原因如下：未能在頭頂觸球、身體重量轉移不完整、前臂外展不足、肩膀柔軟性不足及跟進動作不完整。

單元八　進階技巧

**錯誤的步驟**

繞著頭頂擊球後，回復動作過慢。

**修正的方法**

當完成擊球動作時，非慣用腳蹬地，身體回至中場。

繞著頭頂擊球，球員需在非慣用肩上方擊球，當對手回球至反手拍位置時，繞著頭頂擊球，可能產生較強且快速之回擊，身體應朝反拍位置稍微彎曲，身體重量移至非慣用腳，從頭後方揮動球拍，當手臂延展向前揮動迎球時，會幾乎快要擦過頭頂，要正確操作此種擊球法，必須有良好肩膀柔軟度，儘量在非慣用肩上方之最高點觸球，觸球時身體重量從非慣用腳轉移至慣用腳，繞過頭頂之高遠球、吊小球或扣殺，可運用在回擊方式上，藉以攔截回擊低的高遠球至對方反手方向，通常特別在雙打比賽時，繞過頭頂之擊球在面對網來操作且不需運用剪刀式的足部互換步伐，當來球快且平造成無足夠時間改變擊球姿勢時，則此繞著頭部之擊球法就相當管用，可運用正面姿勢平抽或扣殺球，使球向下或水平越網。

**錯誤的步驟**

肩膀柔軟度不足造成球拍揮擊動作不完整，以致無法正確擊球。

**修正的方法**

加強柔軟度訓練，且每天的訓練須融入伸展運動。

## 進攻高遠球

進攻高遠球時（圖8.3）拍面之迎球角度應更向上而非向前，進攻高遠球為一種快速高遠球，球員應用平擊方式在慣用肩前方擊球，在正常之高遠擊球是以手引導球拍，而進攻高遠球則是球拍和手同時去迎球，這會造成球之拋物線較平，使對手較無機會截擊而迫使移位至後場。

**圖8.3** 進攻高遠球

觸球

- 在慣用肩前上方擊球。
- 調整拍面角度至平擊位置。
- 甩動手及球拍且同時迎球並將球向上擊出。

擊出攻擊高遠球時，身體為側身擊球姿勢，球拍向上揮擊在慣用肩前上方迎球，球拍面向前平擊，強力之上半身轉動，帶動球拍跟著球之移動路徑來揮擊，身體重量從後方之慣用腳轉移至前方非慣用腳，前手臂外展產生大部分之力量，且運用手及手腕來完成球拍和手臂之結束動作，完成動作時，慣用手掌心向外並遠離身體。

假如進攻高遠球無力，可能因素如下：

- 站姿未能處於側身擊球姿勢。
- 身體重量轉移不足。
- 手臂延展不完整。
- 上半身轉動不確實。

- 慣用手引導球拍造成回球過高。
- 前手臂外展不足。
- 跟進動作不完整。

## 跳躍扣殺及跳躍吊小球

跳躍扣殺之觸球點應在慣用肩前上方，球拍應置於手前方（圖8.4），球拍面引導慣用手造成向下角度進入對手場區，上半身強力之轉動且同時替換雙腿產生額外力量，非慣用臂協助上半身加速轉動，持續前臂外展產生所需之力道，運用跳躍扣殺在空中儘快擊球來改進扣殺之角度，此種較高層次之扣殺會產生進攻之較大角度，使球更快速落地。

單元八　進階技巧

**圖8.4** 跳躍扣殺

**觸球**

- 身體跳躍至空中，雙腳交叉替換。
- 上半身強力轉動。
- 在慣用肩前上方觸球。
- 運用手臂延展及前臂強力外展。
- 球拍面引導手向下擊球。

　　以側身擊球姿勢開始，曲腿且快速用力伸展將身體帶至空中，向上揮拍且在慣用肩前上方迎球，拍面向前迎球平擊出水平拋物線，運用上半身強力轉動並跟著球之行徑路線揮擊，爆發性之向上跳躍，能夠幫助動量轉移至上半身，造成上半身強力轉動和剪刀式腿部動作，當慣用腿向前移動及非慣用腿向後伸展時，此種剪刀式腿部動作能助於動量轉移，前手臂外展產生大部分之力量，且運用手及手腕來完成球拍和手臂之結束動作，完成動作時，慣用手掌心向外並遠離身體。

　　跳躍扣殺無力之原因如下：

- 未能處於側身擊球姿勢。
- 身體重量轉移不足。
- 手臂延展不夠。
- 上半身轉動不確實。
- 慣用手引導球拍造成回球過高。
- 前臂轉動不足。
- 跟進動作不完整。

　　跳躍吊小球（圖8.5）和跳躍扣殺動作相似，故可使對手誤以為是跳躍扣殺，而兩者不同點為強力前臂外展和手腕動作，跳躍吊小球在觸球前動作較遲緩且將球擋在前場區。

羽球
邁向卓越

**圖8.5** 跳躍吊小球

**觸球**

- 身體跳躍至空中，雙腳交叉替換。
- 上半身強力轉動。
- 在慣用肩前方觸球，但在擊球前揮拍速度需放慢。
- 放慢前臂延展速度來擋擊球至前場。
- 球拍面引導手向下擊球。
- 向下跟進動作且與回球方向一致。

# 半扣殺及快速吊小球

　　半扣殺（圖8.6）球落點在全扣殺及快速吊小球間，球之落點比起快速吊小球要來的遠，但深遠不及全扣殺落點，突然速度下降會造成球以較陡峻之角度落地，快速吊小球過往速度比起正常吊小球來的更快，因此可造成對手來不及應對，此種打法在雙打比賽中特別有效，吊小球之擊球法拍面非平面，而是為側切球之快速揮拍，則會產生欺敵動作且球落點也較短。

圖8.6　半扣殺

**觸球**

- 側身擊球姿勢。
- 在慣用肩前向上揮拍來迎球。
- 以向下拋物線側切動作擊球，降低速度並創造半扣殺之效果。
- 上半身用力轉動帶動球拍迎合球行進路線。
- 身體重量由後轉向前即從慣用腳轉至非慣用腳。
- 運用前臂外展產生大部分力量。
- 運用手及手腕來完成球拍和手臂之結束動作。
- 完成動作時，慣用手掌心向外並遠離身體。

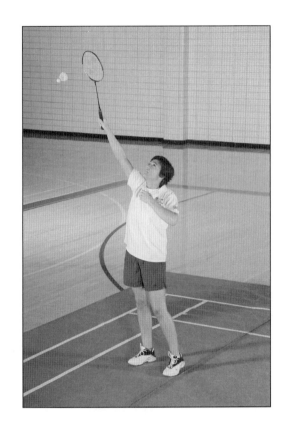

半扣殺之動作與全扣殺相似，半扣殺為拍面稍微轉動造成側切球而降低扣殺速度，半扣殺球落地角度較陡峻且速度也遲緩許多，因此落在對方場區較不深遠，半扣殺在單打之目標落點為中場邊線附近，雙打時則在場中央及兩對手間，可造成對手處理球遲疑而無法回球，半扣殺可在靠近後場或中場任何地方執行，此擊球特點為利用此減速之假動作使對手誤判為全扣殺，在單打比賽時，此欺敵假動作可促使絕對贏家，在雙打時，則是迫使對手挑高回擊，增加我方扣殺得分機會，半扣殺無力或欺敵動作不彰，可能原因如下：

- 未能處於側身擊球姿勢。
- 身體重量轉移不足。
- 手臂延展不夠。
- 上半身轉動不確實。
- 慣用手引導球拍造成回球過高。
- 前臂轉動不足。
- 跟進動作不完整。

快速吊小球與扣殺相似，不同處是，扣殺為完全擊球，而快速吊小球則是擋擊且靠近前發球線附近，放慢揮拍速度來擋擊球向下落至對方場區，快速吊小球之越網速度比起正常單打吊

小球更快，可壓迫對手反應時間並減少對手可能回球選項，快速吊小球之行進路徑，應為垂直下降角度，而非有弧度之行進路線，也使對手對球有不同之理解，似棒球上變速球產生之效果。

## 反手扣殺

反手扣殺需有正確時間差且高水平技巧及扎實之眼手協調性，擊出反手扣殺時之目標應朝著過頂之高遠球或吊小球操作，出拍速度為主要差異，運用反手扣殺之強力擊球動作可有效回擊對手之短回球，或是迫使對手需擊出高球回球，在雙打時，反手扣殺也可能造成對手隊友間處理球遲疑而無法回球。

當移位至來球位置時，舉起持拍臂且手肘向上、拍子向下及手腕後屈，運用反手握拍且大拇指置於握把正上方來增加槓桿效應，用力向上延展持拍臂，並以手肘引導前手臂快速外展，前手臂外展為主要力量來源，手腕自然伸展和手臂完全延展（圖8.7），手及球拍頭向下與回球方向一致，揮拍時球拍需快速揮擊並且盡可能在最高點觸球，球拍面須為向下角度。

參照步驟六反拍扣殺更多資訊。

### 圖8.7　反手扣殺

觸球

- 運用反手握拍。
- 前臂外展產生力量。
- 伸展手腕且手及球拍自然跟進。
- 手臂完全伸展。

## 對角側切吊小球

快速之側切吊小球和基本向前吊小球是不相同的，側切吊小球飛行至對手場區較深遠，此快速擊球似大角度扣殺，對角吊小球的準備動作似扣殺之下壓動作（參照圖6.1之正手扣殺或圖6.2之反手扣殺），無論如何擊球時皆為由左至右（圖8.8），似網球側切發球，拍面角度微向內約四十五度且觸球時約在一點鐘方向，球拍在慣用肩前上方拍面稍微傾斜滑過球頂點，造成側切球效果，側切球對角吊小球可運用在正手或反手邊。

圖8.8　正手側切對角吊小球

**觸球**

- 拍面角度向內。
- 在慣用肩前上方觸球。
- 從球左方往右方削擊，造成側切球效果。

## 反側切對角吊小球

反側切對角吊小球擊球之準備動作與扣殺相同，且與繞著頭部擊球法之身體動作和落地之跟進動作相似，向上揮拍由球右方擊向左方，造成反側切效果，前臂充分外展（圖8.9），拍面之角度稍向外約40～45度，大概在一點鐘方向且在慣用肩前上方，球拍稍微傾斜側切球頂端，造成側切效果。

圖8.9　反側切對角吊小球

觸球

- 向上揮拍。
- 拍面角度稍微向外。
- 在1點鐘方向觸球。
- 在慣用肩前上方觸球。
- 從球右方揮擊至左方，造成側切球效果。

# 反手對角吊小球

側切反手對角吊小球（圖8.10），對角球和反手扣殺類似，都是運用強力

反手過頂動作，對著來球側切擊球，觸球時大約在11點鐘的方向，拍面傾斜的角度決定球的飛行角度或遠度。

圖8.10　反手對角吊小球

處球

- 大約11點位置觸球。
- 運用反手動作擊球。
- 拍面角度40～45度。
- 球拍從左至右側切球。

單元八　進階技巧

側切反手對角吊小球和基本的直線吊小球的不同點在於，當向網前跨步擊球，球的飛行到對方場區的深遠處，它是一種較快速的擊球，類似反手扣殺，這種反手對角吊小球是運用和反手扣殺相同的準備動作向下擊球（見圖6.2，反手扣殺），擊球時，球拍必須由右往左揮擊，拍面稍微向內大約40～45度，大約在11點鐘位置，慣用肩的上方觸球，球拍稍微傾斜，來側切球的上端造成側切球的效果，反手側切對角吊小球的動作，應具備隱蔽性和欺敵的效果，並且迷惑對手。

## 過頂擊球練習一　混雙比賽時的扣殺和擋擊回球

兩位隊友一組，運用一個球來開始雙方的來回球，B男性球員從左邊場區發短球給在對面的A女性球員，A球員朝著對角挑高球回擊，退到對角線的位置，然後回擊出高遠球，B球員對角線扣殺給A球員，A球員試著擋擊扣殺球回到直線的B球員的正拍位置，B球員擋擊到直線的中場位置，A球員挑高遠球至B球員右邊的後場，讓B球員朝著對角的A球員扣殺，A球員則運用推擊高遠球至B球員的反手位置，持續整個擊球程序來回數次，這是一種雙方持續的一種練習，男隊友應該要嘗試著執行對角扣殺，女隊友擋擊至直線位置，回擊應儘量低平而且落點能夠靠近隊友的擊球範圍，這樣來回球才能持續下去，成功的回球落點應該是在邊線或靠近中場對角處。

### 1.增加難度

- B球員運用直線平抽球或對角推擊至兩個角落或往前吊小球，透過比賽場區的擴大來增加球員耐力和真正比賽來回球的掌控。

- 男隊友可以加強扣殺的配速或減少女隊友回復的時間。

### 2.降低難度

- 球員B運用較高或較軟的推擊來擊球至兩個角落或往前吊小球，排除擊球至不同角落來縮小比賽的場區，讓球員能夠有時間來掌控真正比賽的來回球。

- 女隊友可以放慢扣殺配速或增加女隊友回復時間。

### 3.成功的檢查點

- 扣殺時手肘引導手臂伸展，然後前手臂外展。

- 控制揮拍，推擊球至中場。

- 女隊友要能夠掌握平擊對角線和邊線擋擊的回球。

| 操作成功的給分 |
| --- |
| 來回球60秒以上無失誤 = 10分 |
| 來回球45～59秒無失誤 = 5分 |
| 來回球30～44秒無失誤 = 1分 |
| 你的分數：_____ |

## 過頂擊球練習二　十二次來回球

　　這種較長時間的來回球，強調的是精進的擊球法，比賽時從場區不同的位置來選擇回球的方式，運用下列12次來回球來練習各種擊球，並且能夠持續的來回擊球，從場區的右邊或左邊來開始發球，落點在正手或反手回球的位置。

### 來回球一

- 從單打右場區發高球。
- 直線高遠球。
- 直線高遠回球。
- 對角吊小球。
- 來回吊小球。
- 直線高遠球。
- 直線高遠球。
- 直線高遠球。
- 對角吊小球。
- 來回吊小球。
- 直線高遠球。
- 直線高遠球。

### 來回球二

- 單打左場區的發高球。
- 直線高遠球。
- 直線高遠回球。
- 對角吊小球。
- 來回吊小球。
- 直線高遠球。
- 直線高遠球。
- 直線高遠球。
- 對角吊小球。
- 來回吊小球。
- 直線高遠球。
- 直線高遠球。

### 來回球三

- 從單打右場區發高球。
- 直線高遠球。
- 直線高遠回球。
- 直線扣殺。
- 來回吊小球。
- 直線高遠球。
- 直線高遠球。
- 直線高遠球。
- 對角扣殺。
- 來回吊小球。
- 直線高遠球。
- 直線高遠球。

### 來回球四

- 從單打左場區發高球。
- 直線高遠球。
- 直線高遠回球。
- 對角扣殺。
- 來回吊小球。
- 直線高遠球。
- 直線高遠球。
- 直線高遠球。
- 對角扣殺。
- 來回吊小球。
- 直線高遠球。
- 直線高遠球。

### 成功的檢查點

- 擊高遠球。
- 快速向下扣殺。
- 吊小球儘量貼網。
- 擊出平抽球。

# 網前球

網前球對羽球比賽來說是一個新的里程碑，兩隊的球員以網來區隔比賽，同時網前比賽也是有標的物，羽球的網高是5英尺，所以回球必須要超越網高，因此網前球就給對手更多的回擊準備時間，回擊球必須在球落地之前來完成，所以時間是重要元素。精進的網前擊球會造成對手移位，並且增加犯錯的可能性。

無論是單打或雙打的比賽，都出現網前球的情況，網前吊小球在單打比賽比雙打比賽使用的次數較多，因為雙打比賽時，有隊友互相支援因此網前的擊球就較侵略性，無論是往前的吊小球或是後場的吊小球，都給雙打的對手更多時間來回應，這就是雙打比賽比起單打以賽網前球不流行的原因，單打比賽球員的場上移位較多，也比較需要更大的耐性，所以網前吊小球對單打選手來說，就更多得跑動和移位以及照顧的場區也更廣。

## 吊翻滾小球

吊翻滾小球（圖8.11）可以是正手或反手動作來操作，球拍側向置於球的底部，造成球越網時的旋轉或翻滾，擊球時有其難度也使的對手在回球時因球的飛行角度較陡峭、難度也無形中的增加，吊翻滾小球看似單元五所說的吊小球，唯一的差異點是球越網時翻滾的狀態。

**圖 8.11** 吊翻滾小球

觸球

- 轉身朝著來球的方向延伸慣用腳和手。
- 球拍置於下墜來球的下方。
- 手腕後曲。
- 運用低手擊球動作以球拍側面擊球，盡可能在最高點來觸球，造成翻滾球的現象。
- 身體重量前移至慣用腳。

羽球 邁向卓越

## 低手對角吊小球

吊小球時很普遍的情況是將球挑高至接近網的頂端，由於球以較低點越網而過提供對手低手對角吊小球回球機會（圖8.12），對角吊小球可以是正手或反手的來操作，這種較低的擊球點拍面的角度必須在大約45度左右，這樣才能側向擊球，球會以對角穿越網的頂端落在對手的場區，這種回球的形式對手的一位必須更迅速才能夠來得及回球，同時球在空中的飛行也較長，因此對手有更多時間到位。

圖8.12　低手對角吊小球

**觸球**

- 轉身朝著來球的方向延伸慣用腳和手。
- 球拍置於下墜來球的下方。
- 手腕後曲。
- 運用低手擊球動作以球拍側面擊球，盡可能在最高點來觸球，造成翻滾球的現象。
- 身體重量前移至慣用腳。

## 吊小球練習1　正手角落

　　餵球者站在往對面的前發球線的左邊或右邊，將球擊至正手的角落，擊球者回擊吊小球至餵球者站立的角落，操作10次正手吊小球和10次反手吊小球。

### 增加難度

- 球員必須要操作直線和對角吊小球至兩個角落或是網前，藉著擴大操作的場區，球員就培養出真正比賽時必備的耐力和控球能力。

### 成功檢查點

- 執行低手吊小球動作。

- 球拍置於來球的下方。
- 肩膀帶動挑球動作。
- 向前延伸慣用手和腳，完成正手擊球動作時，掌心向上；完成反手擊球動作時，掌心向下。

| 操作成功的給分 |
|---|
| 完成連續10次正手吊小球 = 5分<br>完成連續10次反手吊小球 = 5分<br>你的分數：_____ |

## 吊小球練習2　角落輪替

　　餵球者站在往對面的前發球線的左邊或右邊，將球擊至正手或反手的角落，兩個角落交替來執行，擊球者回擊吊小球至餵球者站立的角落。

### 成功檢查點

- 執行低手吊小球動作。
- 球拍置於來球的下方。
- 肩膀帶動挑球動作。

- 向前延伸慣用手和腳，完成正手擊球動作時，掌心向上；完成反手擊球動作時，掌心向下。

| 操作成功的給分 |
|---|
| 完成連續10次正手吊小球 = 5分<br>完成連續10次反手吊小球 = 5分<br>你的分數：_____ |

## 吊小球練習3　三個角落

　　餵球者站在往對面的前發球線的左邊或右邊，將球擊至輪替的三個角落，擊球者回擊吊小球至餵球者站立的角落。

### 成功檢查點

- 執行低手吊小球動作。
- 球拍置於來球的下方。
- 肩膀帶動挑球動作。

- 向前延伸慣用手和腳，完成正手擊球動作時，掌心向上；完成反手擊球動作時，掌心向下。

| 操作成功的給分 |
|---|
| 完成連續10次正手吊小球 = 5分<br>完成連續10次反手吊小球 = 5分<br>你的分數：_____ |

羽球

邁向卓越

# 發球和回發球

羽球比賽都是以發球和回發球來開始，因此發球和回發球是重要的擊球法，新的計分方法也強調每次來回球的得分，精進的發球和回發球需要更加的技巧和球拍的控制，而且更具侵略性給對手更大的壓力，精進的發球和回發球的穩定性和準確度極為重要，不能有絲毫的差錯，有些發球和回發球的技巧具備欺敵和造成對手失衡的效果，欺敵的動作能夠避免對手發球或回發球的攻擊，也能夠降低犯錯的機率，反之能夠增加對手犯錯的機率。

## 反向發球

反向發球融入了1970年代舊體制的發球特徵，就是發球時先觸及羽毛以現在的規則是犯規的，現在合法的發球必須要首先觸擊球頭，首先非持拍手的2～3個手指握在羽毛裙的內側，大拇指置於外側，球頭朝著發球者的身體（圖8.13a），雖然反向的發球通常都是從反手發球位置來執行，但是也可以有正手位置來操作，當引拍向前觸球時，球拍稍微傾斜（圖8.13b），向下切球造成球越網時，有飄浮的現象，也給接球者不一樣的球感，這種類似彈擊的效果會降低接球者侵略性回發球的能力。

跟進動作（圖8.13c）右手持拍球員球拍向下，從左向右，揮擊球的頭部，球拍向下朝右掌心朝下，造成拍面觸球時，向上拍頭持續以弧形的動作至身體前上方準備對手可能的回球。

---

**圖8.13** 反向回球

---

**準備層面**
- 運用非持拍手持球。
- 2～3個手指置於球的羽毛內緣。
- 大拇指至羽毛外緣。
- 球頭朝向身體。

a

單元八　進階技巧

圖8.13 反向回球（續）

b

c

執行層面

- 向前揮拍，拍面迎向球頭。
- 拍面稍微傾斜，運用向下揮拍，側切的動作刷擊球體。
- 運用下切擊球。
- 當球離開拍面時，稍微彈跳。

跟進層面

- 右手持拍者，拍頭向下從左至右穿越球頭。
- 球拍完成動作時向下朝右。
- 觸球時拍面的傾斜動作完成手腕和手的掌心朝下。
- 拍頭持續弧形的動作。
- 球拍完成動作在身體前方準備對手的回球。

錯誤的步驟

發球時在腰部以上觸球或是拍頭高於持拍手造成不合法的發球。

修正的方法

發球時要確定在腰部以下觸球，並且保持拍頭低於持球手的任何部位。

## 半場推擊回球

半場推擊回球（圖8.14）是在網前或網上將球推擊至對手半場的空檔，適用推球的方式，而不是擊球的方式，在雙打比賽，這是很有效的回球方法，偶爾也可以在單打比賽使用，雙打比賽時，擊球穿越網前的球員迫使後場的球員必須在網下來擊出高球，半場推擊回球也會造成雙打對手之間，回球的不確定性，觸球時間愈早，觸球點愈高，造成的回球效果就愈陡峭。

圖8.14　半場推擊回球

執行層面

- 推球不要擊球。

- 將球朝著靠近中場的邊線推出。

- 保持一前一後進攻位置。

---

錯誤的步驟

回球過猛造成回球出界。

修正的方法

首先要熟悉比賽場地的面積，學習運用一定的力量來處理球至定點，重點是要保持在界內。

## 發球和回發球練習1　半場推回球

　　A球員發短球過網，A球員的隊友站在A球員後方準備位置，接球者推球至雙打巷弄區域的中場，在非發球者所能擊球範圍，要求發球者的隊友來回球，接球者完成10次正手推球和10次反手推球之後，球員位置和角色交換，此練習必須要在兩個發球區來操作每位接球者必須完成10次正手推球和10次

反手推球。

成功的檢查點

- 推球不要擊球。
- 將球朝著靠近中場的邊線推出。
- 保持向前後退進攻位置。

### 發球和回發球練習2　來回推球

隊友之間來回擊球，必須應用1.2個球，A球員只能運用直線推球來回球，球員B只能運用柔軟的平抽回球至中場，A球員首先推平球至中場的邊線，在B球員的正手方，B球員運用軟性的中場平抽球回球至A球員的反手方，然後A球員就推球回至邊線的B球員的正手方，B球員運用正堆球回至位於中場的A球員，B球員必須迅速地回到球場的中央，雙方球員必須盡力來操作愈多次的柔軟平抽球或推球，盡可能保持來回球未中斷，回球必須低平和靠近隊友讓來回球能夠持續下去，成功的回球應該是直線或對角線靠近中場的位置，每次的來回球都要盡可能的持續下去，當來回球中止時改變操作的程序，B球員運用反手推球A球員運用正手回球至邊線。

成功的檢查點

- 手肘引導手臂延展，前臂的外展。
- 控制下揮拍推球至中場。
- 交替對角平擊和直線邊線擊球。

# 欺敵假動作

擊球的掩飾偽裝能力是非常重要的技巧，所有的過頂擊球動作在觸球前應該是相同的，欺敵假動作的設計主要是贏球或是壓迫對手回球軟弱，基本的擊球動作必須運用相同的準備姿勢來執行，完成一次擊球最重要的層面是上半身或肩膀的轉動，特別是在過頂吊小球時欺敵假動作用相同的腳步的起始位置和包括上半身的轉動，運用相同的準備和擊球動作，將造成對手期待回球的正確方向和落點。

低手的回球也可以有欺敵假動作的效果，在低手的位置來回擊對方的吊小球，改變回擊的路線，提早進入擊球

位置，球拍置於來球的下方，注意對手的當下的反應再決定處理球的方向和落點，假如對手保持靜止不動，那就只能

吊小球過網，假如對手是移動的，那就將吊小球變化成低手高遠球。

**錯誤的步驟**

過度使用欺敵假動作會導致執行上較多的失誤，也可能效果不彰。

**修正的方法**

欺敵假動作最有效是在造成對手驚奇，策略性的使用欺敵假動作，但是絕對不要濫用。

## 放慢過頂動作的回球

當你朝著來球移位時，舉起球拍手、手腕後曲，球拍置於肩膀的後方在肩胛骨之間，正常的過頂動作首先是持拍臂快速向上延展，稍微遲緩前臂的外展，再銜接手腕動作，這樣就可以暫緩住過頂擊球，接著持拍臂向前移動，但是球拍則置於身體後，手腕後曲，這個暫緩的動作會導致對手當下的疑惑，無法解讀來球的意象和方向。當對手移位時，這種遲緩的擊球法就有機會視對手的動向來改變打法和落點。造成對手在場上要採用更多的步伐才能到位。

## 放慢吊小球回球

另一種欺敵的方式是提早進入球的位置，球拍置於來球的底部暫緩一下，然後用眼睛餘光注視對手的動向，假如對手停留不動，處於等待的情況，那就直接擊出過網吊小球，當對手向網前移位，則從吊小球改變至後場深遠球，通常此舉要避免對手成功的解讀回球的位置，而占了優勢。

## 放慢短發球的回球

欺敵的另一種方式是在回發球時提早到達球的位置，球拍置於來球的底部暫緩一下，然後用眼睛餘光注視對手的動向和反應，向前揮拍來回及正常的吊小球或推球回發球，假動作讓拍面朝著球晃動一下，刻意的失誤然後迅速將球拍擊出對角球。

## 聲東擊西

聲東擊西的這個名詞在某些層面是自我解釋，主要是指身體的假動作讓對手深信球的去向，取而代之是一個障眼法，球則朝著另一方向飛去，可以運用雙眼球拍手或身體的動作來完成這種假動作，在擊球前的揮拍假動作會造成球飛行方向的誤導，這也是為什麼在發球時不允許這樣的動作，這樣的假動作也是一種犯規的行為。

在所有過頂聲東擊西的擊球動作完成主要是靠著上半身的轉動，在網前的吊小球或回發球聲東擊西大部分是應用拍面角度的改變來完成，滑拍擊球會造

成對手必須採用更多的腳步才能到位或者就受騙。

在雙打比賽強力揮球是聲東擊西的絕佳時機，拍面角度稍微的改變就可能造成一個絕佳好球，頂尖的雙打好手經常能夠使用這樣的技巧，熟練到不假思考就能夠執行，這就是所謂自然反射動作。

在運動界我們經常使用反映這個名詞，運動員對於各種形式的刺激也能做出很好的反應，但是大部分時間優秀運動員在達到這樣的狀況前，已經反覆練習千百次，看似本能的絕佳回球技巧，事實上是一個學習的成果。

濫用欺敵假動作會降低實際的效果，欺敵假動作有效與否的基本元素是驚奇，頂尖運動員通常習慣欺敵假動作，而且也形成了習慣性的反應，本能的反應可以有正面和負面的結果，假如已經是過度的預測球的動向，那頂尖運動員通常也能夠解讀這樣的形式，因而取得優勢，總之大多數世界級的選手都能夠從場區的任一點擊出一系列的不同球型，他們的打球方式通常是很難預測的，當然對手也不容易能預判可能的回球方向和落點。

## 向著身體推球

半場的推回發球通常是在發球者的任何一邊，向著身體推回發球（圖8.15）是從典型的場邊落點改變而通常是在雙打比賽發球者通常是發短球之後朝著網積極去比賽，假如回發球直接推至發球者，發球者的反應時間將受到擠壓，通常發球者會被銬住，向著身體推球可以從正手或反手來執行，重點是當球越網時應盡可能儘快去觸球，向著身體的回球也會限制對手的可能回球角度，必須隨時準備回球，在單打比賽幾乎很少使用這樣的回球。

**圖8.15** 朝著身體推球

觸球

- 在球越網時儘快觸球。
- 回球朝著對手非主導肩膀部位。

---

 錯誤的步驟

回球過猛造成球出界。

修正的方法

首先要熟悉比賽場地的面積，學習運用一定的力量來處理球至定點，重點是要保持在界內，回發球推至身體是一種控制下的回球而不是扣殺造成失誤，對手就得一分。

## 欺敵練習步驟1 放慢短發球的回球

發球者發短球過網當球過網時移位至球的落點，球拍置於球的底部，發球後發球者應該移位到場區的不同位置運用眼睛的餘光注視發球者的動作，放慢回球一直到發球者停止移位回擊遠離發球者的擊球區域，完成10次的放慢回球。

**成功的檢查點**

• 及早到達球的位置。

- 球拍置於球的底部。
- 運用眼睛餘光注視發球者。
- 回球遠離發球者。

### 操作成功的給分
完成10次以上成功的回發球遠離

發球者 = 10分
　　完成6～9次成功的回發球遠離發
球者 = 5分
　　完成1～5次成功的回發球遠離發
球者 = 1分
　　你的分數：＿＿＿＿＿＿

## 欺敵練習步驟2　發短球和推回球至身體

　　餵球者送出過網的短發球，隊友就站在準備的位置，接球者運用推球在發球者還沒有時間回復到原來位置之前，回球至發球者的身體，接球者完成10次正手推球和10次反手推球球員位置和角色互換，這個練習必須在發球區的兩個場區來操作，每一位接球者要完成10次的正手推球和10次的反手推球。

成功的檢查點
- 儘快地在球越網時去觸球。
- 儘快地回球給發球者。

### 操作成功的給分
　　完成10次以上成功的正手推球至身體 = 5分
　　完成10次以上成功的反手推球至身體 = 5分
　　你的分數：＿＿＿＿＿＿

# 巧技擊球

　　面對網或是背對著網的時候可以練習許多種有趣的捉弄人擊球法，例如：背後擊球和胯下的扣殺回球，這種擊球法球下墜要低於正常的擊球位置，能夠造成對手訝異。

## 背後回擊扣殺球

　　巧技擊球的執行通常是在面對網時，對手向下扣殺至反手拍位置時，來應用低手擊球法來回擊超越身體的非慣用邊（圖8.16）然後回球越網至對方。

圖8.16　背後回擊扣殺球

## 胯下回繫扣殺球

面對網來回球，當對手朝著你向下扣殺，在球超越胯下間時，運用低手回擊過網。

圖8.17　胯下回繫扣殺球

## 胯下回高遠球

當你背向網時，球已經超越了你的身體，你則運用低手擊球法，當球下墜至膝關節高度以下時，在胯下觸球（圖8.18）這種回球是在你背對著網在胯下揮擊，無論是吊小球或高遠球都可以運用這種回擊方式。

圖8.18　胯下回高遠球

錯誤的步驟

觸球時高於腰際或球拍頭高於持拍手，導致身體在回球時受到干擾。

修正的方法

要確定觸球時是在腰際以下，並且是在胯下擊球。

## 腰部以下低手高遠回球

球已經超越來身體，必須在球下墜腰際以下運用低手反手位置用正手來擊球，觸球時身體在球和網之間（圖8.19），完成回球時，背向網，慣用臂向內轉動，在正手腰際以下擊球吊小球或高遠球的回球可以此擊球方式。

圖8.19　腰部以下低手高遠回球

### 巧技擊球練習1　背後回擊扣殺球

執行10次的背後回擊扣殺球，要求隊友向著你擊出溫和的扣殺球，扣殺球必須是向著你的反手拍位置的下方，運用背後回擊扣殺球，在發球的兩個區塊來執行此種回球。

成功的檢查點

• 當球超越了身體在非慣用邊時去觸球。

• 平抽球回球越網。

#### 操作成功的給分

完成10次的背後回擊扣殺球 = 5分

你的分數：_____

### 巧技擊球練習2　胯下回球

面對網執行10次的正手胯下回球，背對網執行10次的正手胯下回球，要求隊友朝著你向下扣殺，你則運用胯下揮球過網，在兩個發球區執行這樣的回球。

成功的檢查點

• 在胯下觸球。

• 當球下墜至膝關節高度以下時必須保持耐心。

• 平抽球回球越網。

#### 操作成功的給分

面對網執行10次的正手胯下回球 = 5分

背對網執行10次的正手胯下回球 = 5分

你的分數：_____

羽球
邁向卓越

## 巧技擊球練習3　腰部以下低手高遠回球

夥伴擊出高遠球到反手位置，球超越身體下墜到腰際以下的高度，背向網運用低手正拍回擊球過網，執行10次正拍低手高遠回球，從兩邊發球區操作此練習。

### 成功的檢查點

- 當球下墜至腰際以下高度時要保持耐心。
- 背向網回球。

- 運用慣用臂的內轉擊出低手正拍擊球。

# 進階技巧成功的結論

此單元包括選手希望能夠提升技術水準的各項技巧和練習，因此必須具備較高水準的運動能力和訓練，初學者和中等水平的選手必須要熟練基本的技巧，才能夠更上一層進入更精進的技巧，競技型選手必須具備這些技巧，娛樂型選手技巧的需求性就不是那麼重要。

初學者和中級球員只為了好玩選擇這個單元的技巧練習，就不需要計分，精進的球員至少要在90分以上，才能夠向前移至下個單元，假如是低於90分，就要努力重複不足之處的練習，尋求教練或有經驗選手的諮商來改進技

**過頂擊球練習**

1. 混雙比賽時扣殺和擋擊回球　　　　　　10分得____
2. 十二次來回球　　　　　　　　　　　　10分得____

**吊小球練習**

1. 正手方角落　　　　　　　　　　　　　10分得____
2. 兩邊角落交替　　　　　　　　　　　　10分得____
3. 三個角落　　　　　　　　　　　　　　10分得____

**發球和回發球練習**

1. 半場推擊回球　　　　　　　　　　　　10分得____
2. 推擊來回球　　　　　　　　　　　　　10分得____

**虛攻練習**

1. 拖延回擊短發球          10分得____
2. 朝著身體回擊短發球      10分得____

**巧技擊球練習**

1. 繞著背扣殺回球         5分得____
2. 跨下回球              10分得____
3. 低手正拍高遠回球       10分得____

**總分**                       115分得____

巧。

下個單元是關於得分策略，是介紹和新的給分制度有關的概念，無論是單打和雙打的比賽策略，都會加以探討，來回分數的計分制度策略細節也會一併討論，新的計分制度會加快比賽的速度，每次的來回球都得一分，因此每次的犯錯都影響到比賽的勝負，特別強調保守性的打法和如何降低非受迫性失誤的次數。

# 單元九　戰術和戰略

羽球比賽時，最重要的環節之一就是來回球時的決策能力，執行多次的準確和穩定的擊球能力，就是擊球的產品，可以經由不同情境的練習或特殊動作程序來改進擊球的產品。

另外一種改進羽球比賽的方法是，觀察成功球員和評論他們的比賽，去注意大多數球員他們在場上某個區塊較常犯錯的位置，在賽前的暖身，可以試著去刺探對手的弱點，在正式比賽時，就能夠擁有優勢。

要能勝任單打比賽，初學者必須要學習保有來回球的持續性，大多數的初學者尚未學習到較精進的技巧，側切擊球、網上翻滾球或虛攻球，因此初學者策略也比較簡單：嘗試著在來回球時擊敗對手，保持活球的狀態等待對手犯錯，協助改進穩定性的好方法之一是運用高遠球來回擊，讓自己在網前有更多犯錯的空間，在保有某種程度的球拍控制之後，以下是發展策略的重要元素：

• 擊球至對手場區的遠端。

• 回球至對手的弱邊，也就是反手位置。

• 藉著擊球左右前後的變化，讓對手在場區內不停移位。

• 回球時，注重球的落點和遠度而非速度，如此犯錯會較少。

• 比賽時速度的變化。

• 不要改變贏的策略，要改變輸的策略。

• 各種過頂擊球的動作看起來類似才能發揮虛攻的效果，成為一位較佳的球員。

在得分或得到發球權所需要採取的策略，是需要努力去規劃，比賽策略要產生效果就必須盡可能發揮自己的優勢，而閃躲對手的優勢，假如對手較缺乏速度和耐力，可以嘗試變化擊球的落點讓對手累癱，因為大多數球員的反手拍都比不上正手拍的凌厲，所以大多數的擊球應朝著對手的反手位置，體能不佳的情況下應嘗試著快速的進攻，運用扣殺或強力擊球讓來回球盡可能的

縮短，發球時可以採取更具侵略性的發球，回發球則採取較安全性的打法，因為任何犯錯的結果，就讓對手得一分，

同時也要熟悉單打或雙打的場區，如此才可以在回球時不至於擊出太多的界外球。

# 來回計分制度下的策略

西元2006年國際羽球總會宣布，所有的羽球比賽採用來回計分的體制，美國羽球的委員會也投票通過所有的美國排名錦標賽，也採用此計分方式（非排名錦標賽就不適用此計分，此計分法每局比賽至21分，代替了舊制的15分和11分），之所以改變計分方式是因為考慮觀眾和電視的市場行銷，以及改進社會大眾的接受度，初步的觀察指出，比賽時間或許可以減少25%，這種體制下的比賽球員必須更敏捷，在短時間內能夠快速的得分，選手也必須調適贏得比賽的新策略，觀眾也同時能夠在這種刺激和高壓力的比賽中得利。

## 來回計分制度下的單打策略

當你贏得擲銅板的結果，你會選擇：發球、接球或選邊，假如場區的一邊是比另一邊更好，當然就按照舊的計分法選擇不好的一邊，選邊的因素包括：場區的狀況：背景、燈光、窗戶位置等，都是決定選邊的因素，假如因此贏了第一局，那麼在第二局比賽時，就處於好邊的優勢，反之輸掉第一局，在好邊來比賽第二局，也增加了贏得比賽第二局的機會，在好邊比賽通常自信心較佳，輸掉第一局學習到策略的改變，

也會增加贏得第二局的機會，甚至於是贏得整個比賽，在第三局的比賽，新的贏球策略即使是在不好的一邊，也有成功的機會，在第三局11分換邊時就遇到好邊，在好邊的比賽就增加自信心，甚至於結束了這一局而贏得比賽。

假如對手贏得擲銅板而先選擇不好的一邊，那麼你如何因應？發球或接球？你應該要選擇接發球，選手選擇接發球比起選擇發球，較容易贏得來回球的分數，首先發球者必須發球至發球區內適當落點，否則發球者就輸掉1分，其次，羽球的發球者通常是處於防守位置，因為發球者必須向上發球越網而過，所以接球者在第一時間就有進攻的機會，如此，接球者在控球和贏得來回球就有較佳的機會。

有些球員喜歡掌控比賽的節奏，侵略性的發球給對手壓力，這一類型的選手就選擇先發球，有一些初學者和中級球員傾向於先發球和保持早期的領先，但是切記接球也可以得分，無論是哪種方式得分，獲得領先的優勢在心理上會造成對手的壓力，所以選擇先發球，球員就覺得較坦蕩和自信。

來回計分法在單打的運用上更強調回發球，發長球基本上是一種防守性的

擊球，因此進攻性的回球會迫使對手移位，同時也給自己犯錯的空間，回發球兩種最佳方法是進攻高遠球和快速網前小球，安全保守的回發球能夠制住對手是很重要的，運用以下的回擊單打發長球選項，給右手持拍的對手：

- 從右場區擊出進攻式的高遠球至對手的反手位置，以快速的網前吊小球或是快速的對角吊小球。
- 從左場區擊出進攻式高遠球至對手的正手位置，進攻式的對角高遠球或是快速的網前吊小球至對手的正手位置。

### 錯誤的步驟
發球或回發球不佳，給對手輕易的得分。

### 修正的方法
保守的發球和回發球，會造成對手的壓力，有目的安全的回發球讓自己有足夠時間回復到中場。

對於左撇子對手來說，從對面場區回球以外，其他回球方法一樣。由於來回球記分方式對接球者較有利，因此潛在地造成雙方比分比傳統計分方式更接近，較優的球員在發球時就被迫儘量要去贏得較多分數，傳統計分方式下，較優球員發球時能夠贏得該贏的分數，但是即使輸了來回球並不失分，來回計分方法似乎對球技較差者較有利。

來回計分方法另一方面影響單打比賽策略甚鉅，通常來回計分方法使得比賽趨向保守，冒險或不佳的擊球不僅輸了來回球同時也輸1分，單打比賽時風險最大的回球是只要回球過網就好，假如球過短未能過網輸1分，回球在網上過高，給對手簡單的扣殺得分機會；通常來說，來回計分方法對擊球較穩定的選手較為有利，擊出靠近端線1英尺左右的高遠球，給自己多一點時間進入準備位置，對手也較不可能做出有效的回球，當回球至極角落時，球員必須調整目標至內遠處，扣殺指向邊線落點很可能出界失分，盡可能落點在邊線界內1英尺左右的位置，降低出錯機率。

### 錯誤的步驟
發球和回發球不穩，得分難度高。

### 修正的方法
改變發球與回發球的速度和落點，混和運用短球、抽球或輕擊發球法，造成對手回發球的困難。

## 來回計分制度下的雙打策略

雙打比賽時贏得擲銅板時你如何決策？選邊？發球？接發球？基本策略和單打比賽一樣，原因也相同，你的第一選項是選不好的一邊，第二選項是接發球，絕對不要選擇先發球。

雙打比賽首先要決定誰站單數邊和雙數邊，先發球時要搶分，當然發球最好的球員優先在雙數邊發球；選擇接發球時，兩種必須考量的思維，首先是最佳接發球者在雙數邊接發球，這個策略可以造成己方贏得來回球的最佳機會；另一策略是次佳發球者位於單數邊，一

旦接球方贏得來回球，在單數邊的隊員就是第一位發球者，次佳發球者位於單數邊就造就接發球方極大的得分機會。

來回得分體制對於雙打比賽影響有限，成功的雙打球員彼此應該互補，贏球輸球都榮辱與共，雙打球員一前一後站立，嘗試著製造隊友扣殺得分機會，球的落點通常是朝著對手的身體或是在兩位對手中間的空檔，促使對手產生誰來擊球的疑惑；侵略性的邊線回球容易失誤造成出界球，自動遞送分給對手；來回得分體制對雙打比賽的最大衝擊是使得比分更接近，強隊必須穩定地發球來取分。

## 策略練習一　發短球－回推球

A球員發短球給B球員，B球員回球至對手的正手或反手的邊巷弄（圖9.1），A球員持續發球給球員一直到他完成5次成功回發球至他正手或反手

的邊巷弄爲止，回推球應該超越隊友的前發球線，B球員完成5次成功的5次回推球後，兩位球員角色交換。

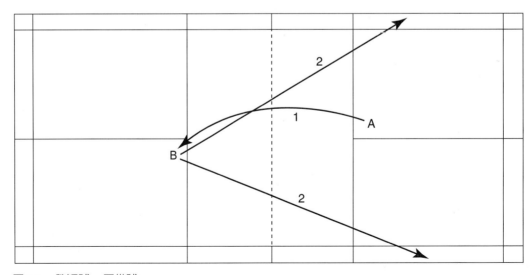

圖9.1　發短球－回推球

成功的檢查點

• 發球超越網的頂點，回推球至靠近中場，超越前發球線。

擊出30次成功的回推球 ＝ 10分

擊出20～29次成功的回推球 ＝ 5分
擊出10～19次成功的回推球 ＝ 1分
你的分數：＿＿＿＿＿

## 策略練習二　發短球－網前吊小球

　　A球員發短球給B球員，B球員回擊網前吊小球（圖9.2）至隊友的反手位巷弄，或是回球至隊友的正手位巷弄，A球員持續發球給B球員，直到B球員完成5次成功的回球至反手或正手的巷弄，回推球應該前進至隊友的反手巷弄區，才是成功的回球，完成了成功的5次回球後，兩位球員角色互換。

### 1. 增加難度

• 往上翻滾回球代替挑高過網。

### 2. 成功的檢查點

• 發球過網在網的上端。
• 吊小球回球貼網落地。

擊出30次成功的吊小球回球 ＝ 10分
擊出20～29次成功的吊小球回球 ＝ 5分
擊出10～19次成功的吊小球回球 ＝ 1分
你的分數：＿＿＿＿＿

圖9.2　發短球－網前吊小球

# 戰術演練

羽球球技的發展需要球員努力的付出與優秀教練的指導，才能夠培養比賽的自信心，羽球和其他的球拍運動不太一樣，例如：網球，大部分的爆發力和控球都來自於前手臂的轉動，擊球時必須運用全球拍臂來擊球，擊球時球員的手臂應該完全延展，來產生擊球的最大力量，對初學者來說，共同的毛病在擊球時太靠近上半身，而沒有達到手臂完全伸展的境界，這種短臂效應會造成力量的流失和假動作的無法彰顯。

所有的過頂擊球應該運用基本的肩上投擲動作，從側身擊球的姿勢，當持拍臂向上延展擊球時，上半身應該轉動，非慣用臂也要向上舉起，來協助上半身轉動的加速，羽球過頂動作的基礎可以透過反覆的練習而變得更熟練，以下是練習的方法：

每一個技巧的練習大約5～10分鐘，剛開始或許會遭遇一些困難，逐漸的對於球的掌控就漸入佳境，熟練的擊球能力就需要複製來回球的一致性和掌控。

南韓的一位傑出單打羽球選手彭蘇永，她是1992年巴塞隆納奧運的銀牌得主，1996年亞特蘭大奧運的金牌得主，當時她是世界排名第一的單打選手，她建議羽球單打比賽時的練習要領，當然雙打選手也可以經由這樣的練習受益，以下的練習是根據球員的練習情況來陳述，教練或餵球者可以交替的擊出網前吊小球和高遠球。

## 高遠球

對付對手的進攻擊球可以朝著底線擊出高遠球（圖9.3）擊出高遠回球讓

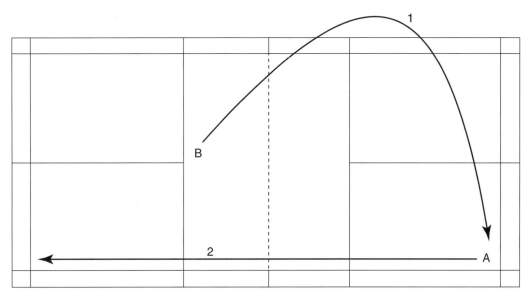

圖9.3

自己有回復的時間，並且造成對手消耗更多的能量，迫使對手遠離中場，重複每次的擊球練習，虛擬比賽的情境練習正確的移位。

策略的演練時教練或隊友固定在底線的角落，操作的球員站在中場朝著角落移位，隊友朝著角落擊出深遠球，當回擊出深遠球立刻回到中場，然後再繼續下一次的擊球，隊友應該交替擊出不同角落的深遠球。

回擊球時可以是同樣一組系列的模式（例如：直線或對角），或者是隨興的照著隊友的指示來回擊，球員必須學習穩定的擊球能力，這種練習可以以類似比賽情況來操作，讓來回球盡可能的持續下去，一系列的同樣擊球模式可以發展擊球的一致性，隨機的回球練習可以發展球員變化移位能力或比賽模式多樣化。

### 錯誤的步驟
擊球的品質不佳，不能夠持續的來回球。

### 修正的方法
回球時充分運用對手場區的所有四個角落，允許自己犯錯的空間，遲疑時擊出高遠球。

# 吊小球

吊小球能夠讓你的對手必須不斷的移位來處理每次的擊球，特別是從底線的吊小球，當對手運用高遠回球時，吊小球就能夠發揮最大的功能（圖9.4）。你可以運用高遠擊球的相同的手臂動作和速度，來虛攻吊小球。

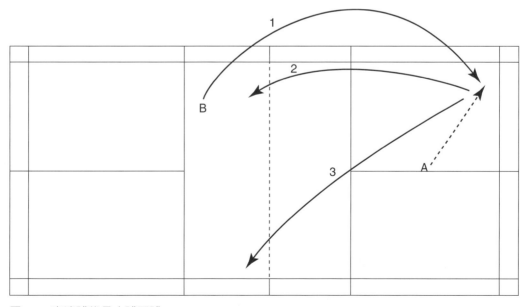

圖9.4 高遠球後吊小球回球

假如吊小球和高遠球的動作有很大的差異，那對手就很容易預測到，而且允許對手猜測你的吊小球，並且很快的掌握進攻的契機。

吊小球通常在單打比賽比雙打比賽運用得多，因此兩種擊球方式要保持著過頂動作的相似就變得很重要，重點是要保持揮擊動作的徹底和運用快速的扣

**錯誤的步驟**

回球後末能回到中場，沒有到位。

**修正的方法**

回球之後儘快的回復到中場。

## 過頂吊小球和網上U型擊球

吊小球無論是從底線或網前的吊小球，能夠造成對手失去防守的狀態，從後場過頂高遠球或網前的吊小球，都是很有效率的擊球，回球時愈早擊球愈好，最佳的擊球通常是以能夠最快速度回擊過網，這兩種擊球方式都能夠造成對手移位，假如對手體能不佳，吊小球就能夠揭發這個缺點，並且能夠運用它，運用吊小球來進攻對手場區的四個角落，迫使對手回球必須將球挑高，造成進攻的機會，耐心和準確性是吊小球的必備元素。

練習時可以交替來運用，這兩種不同的擊球法，這個練習結合動作和球的落點，模擬比賽的情境，隊友固定靠近在發球線，你則來回的在底線和發球線之間移位，你從底線擊出吊小球，然後從發球線擊出U型網前吊小球，A球員

腕動作。

練習吊小球時，隊友固定在靠近發球線，你則在中場靠近底線的角落之間移位，你可以在熟悉的兩個角落之後換邊，當你熟悉了直線的擊球後，變換方向擊球至對方的發球線，當你能夠交替來擊球時，整個難度就提升，例如：直線球和對角線這有點類似比賽情境。

擊出高遠球給B球員，B球員擊出過頂吊小球，A球員在回擊U型網前吊小球給B球員（圖9.5）。

這次可以訓練比賽時對手的U型網前吊小球做出回應的速度和技巧，在每次的練習時必須兼顧到四個角落的練習。

## 過頂扣殺

扣殺時觸球的一剎那，羽球是所有球拍運動最快速的球速，初速超過每小時200哩已經被證實了，在比賽時跳殺是最叫人嘆為觀止的擊球方式，但是跳殺並不保證得分，因為跳躍不正確或者是時間失準會導致球的落點不佳，很容易造成身體的失衡，給予對手輕鬆得分的機會。

任何的扣殺都是嘗試將對手回球給予致命的一擊，當對手的回球過高而且

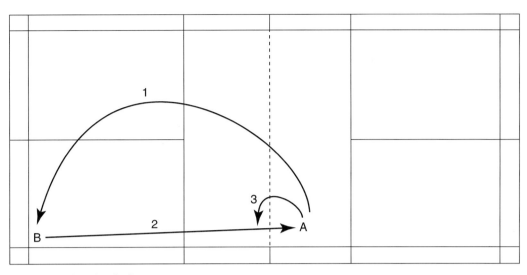

圖9.5 網前U型吊小球

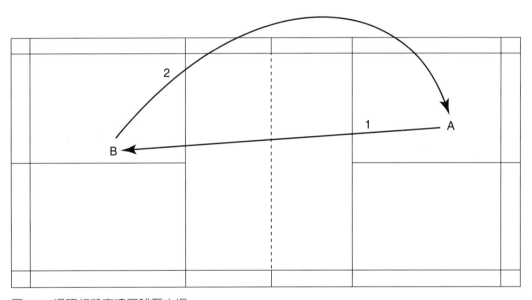

圖9.6 過頂扣殺高遠回球至中場

場地中央時，扣殺就是最有效的擊球方式。（圖9.6）

扣殺時瞄準對手身體的中央，比賽時沒有比扣殺更能夠提升士氣或自信心，以及造成觀眾情緒的提升。

隊友站立靠近前發球線，擊出高遠回球靠近後場位置，你運用完全揮拍來扣殺，然後隊友回擊你的扣殺，運用低手高遠球擊球，重複這種程序的練習，連續5次，因為扣殺擊球比較消耗體力，所以限制3次每邊15次的扣殺練習，然後再和隊友角色互換。

## 過頂扣殺網前U型吊小球和過頂吊小球

單打比賽是一種激烈的移位競賽，一位成功的單打球員必須要具備維持來回球、高遠球、吊小球和扣殺球的能力，運用高遠球和吊小球來促使對手在場區內不斷移位，然後當對手回擊過高的回球時，則強力的向下扣殺，這種比賽型態的練習必須具備有良好的體力和球拍的控制。

練習時可以結合所有三種的擊球法來交替使用，隊友固定在靠近發球線的位置，你則在發球線和底線之間來回移動，隊友首先運用低手的高遠球到你的後場區，你則從底線扣殺，而隊友運用低手吊小球來回擊，你則在發球線運用U型網前吊小球，然後隊友從網前揮高遠球到你的後場，你的第三次擊球就是過頂的吊小球，接著就是隊友的高遠球，重複以下的程序－過頂扣殺、U型網前吊小球、過頂吊小球、U型網前吊小球，重複以上練習10分鐘，此練習有助於移位步伐和體能增強同時也提升你的技術水平，如此一來對於比賽時對手的網前U型吊小球或是深遠的回球都能夠應對。

在每一次的練習時，要兼顧到四個角落的練習。

### 戰術練習三　深遠球扣殺擋球持續來回擊球

A球員運用低手深遠球給站在中場的B球員（圖9.7）。

B球員對著A球員直線扣殺，A球員運用擋球的方式，可以是吊小球或是

圖9.7　高遠球－扣殺－擋球持續來回球練習

深遠的回球，然後B球員擊出深遠球給A球員，然後重複這樣的來回球。

成功的檢查點

- 強力的向下扣殺。
- 貼近網的擋擊回球，讓球緩緩落地。
- 深遠回球。

## 策略練習四　來回四次擊球

A球員發高球給B球員，B球員擊出直線吊小球（圖9.8），C球員固定在網前回球與U型網前吊小球，D球員試著將U型網前吊小球回擊給底線的E球員，E球員回球給A球員，重複以上練習程序4次，交替地從右場區發球到左場區2次，然後交換位置，A球員變成接球者，E球員變成發球者，B球員移到網前，C球員停留在另一邊的網前，D球員則留在後場的位置，回球給E球員發球，重複以上練習程序4次，再輪轉。

成功的檢查點

- 運用正確的步伐。
- 擊出高遠球。
- 在網頂翻滾吊小球。

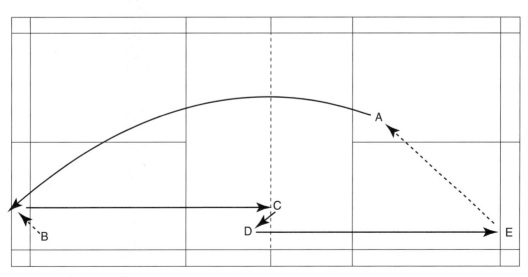

圖9.8　四次來回擊球

## 策略練習五　雙打的發球－網前來回擊球

　　B球員發對角短球給A球員，A球員回以直線的網前吊小球至發球者的反手邊（圖9.9），B球員擊出對角小球給A球員，A球員同樣地回以小球給C球員的正手巷弄，然後C球員回擊對角小球給A球員，持續整個來回球直到三位球員之一回球失誤為止，B球員和C球員只能回對角吊小球，A球員只能夠回直線吊小球。

成功的檢查點

• 發球接近網頂。

• 網前吊小球的回球接近網頂，而且下墜也要靠近網。

### 操作成功的給分

來回球超過30秒無失誤 = 5分

來回球超過20至29秒無失誤 = 3分

來回球超過10至19秒無失誤 = 1分

你的分數：＿＿＿＿＿＿

圖9.9　雙打對角發球－網前來回擊球練習

## 策略練習六 持續平抽來回球

A球員平抽球給站在中場的B球員，B球員擊出正手或反手的平抽球（圖9.10），持續來回球直到其中之一的球員失誤為止，保持回球大約在腰際以上的高度，混合運用正手或反手的擊球，重點在速度要快擊球要平的交替運用。

成功的檢查點

• 平抽球接近網頂，保持水平的行進路線。

| 操作成功的給分 |
| --- |
| 來回球超過30秒無失誤＝5分 |
| 來回球超過20～29秒無失誤＝3分 |
| 來回球超過10～19秒無失誤＝1分 |
| 你的分數：＿＿＿＿＿ |

圖9.10 來回平抽球練習

## 策略練習七　六次來回擊球

這個練習強調的是擊球的品質，在來回球時選擇在場區不同的落地來回球，運用下列的6次來回球來練習擊球，可以從右場區或左場區開始此練習，特別強調正手或反手的回球。

### 來回球1（圖9.11a）
1. 直線深遠球
2. 直線的深遠回球
3. 對角深遠球
4. 直線的深遠回球
5. 對角吊小球
6. 網前吊小球

### 來回球2（圖9.11b）
1. 直線深遠球
2. 對角吊小球
3. 網前吊小球回球
4. 對角平抽球
5. 直線深遠球
6. 對角扣殺

### 來回球3（圖9.11c）
1. 對角深遠球
2. 對角扣殺
3. 網前球
4. 對角深遠球
5. 直線深遠球
6. 直線扣殺

### 來回球4（圖9.11d）
1. 對角深遠球
2. 對角吊小球
3. 網前球
4. 對角深遠球
5. 直線扣殺
6. 對角平抽球

成功的檢查點：

• 擊出高遠球。

• 強力的扣殺。

• 吊小球接近網頂。

• 快速擊出平抽球。

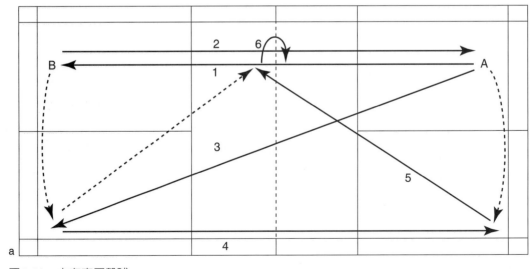

**圖9.11**　六次來回擊球

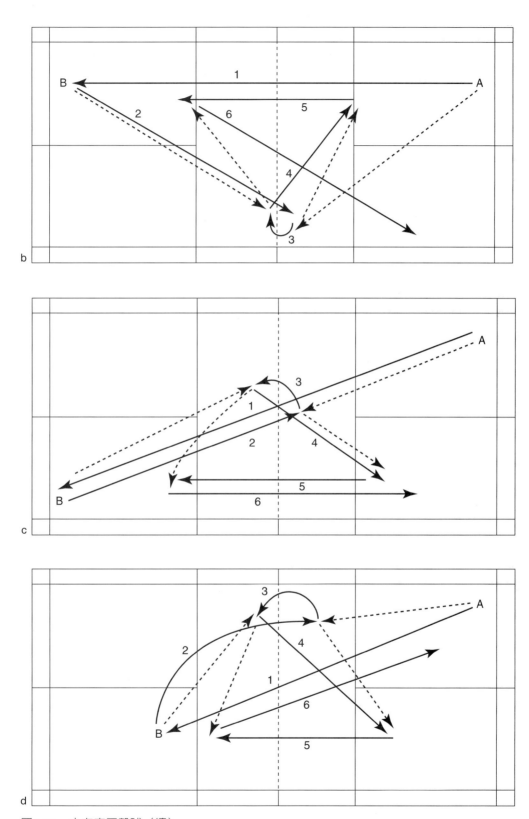

圖9.11　六次來回擊球（續）

完成三或四次來回球無失誤 = 10分　　　完成一次來回球無失誤 = 1分

你的分數：＿＿＿＿＿

---

# 單打比賽的要領

羽球的雙打比賽隊友前後站立彼此之間互補，彼此合作無間，才能夠完成一場成功的比賽，單打比賽則是獨立的操作，因此個人就承擔了所有的成敗責任和榮譽。

單打比賽有許多的要領，球員的體能和自信心等能力，是決定能否應付冗長的羽球比賽的要素，要成為一位頂尖的球員必須要擁有良好的體適能，有品質的擊球技巧和針對對手優缺點的調適能力，無論贏球或輸球，球員都必須接受一個事實，就是全權負責比賽的成敗，這也意味著有時候比賽時是很孤獨的，因為比賽當下是沒有人可以跟你討論比賽發生的問題，現今的計分方式的改變縮短了比賽的時間，因此球員要克服比賽早期的失誤，時間就較少，以下是羽球單打比賽的建議事項：

1. 開賽時發長球跟有質量的球非常重要。
2. 每次擊球後一定要回歸到靠近場中央的位置。
3. 絕對不要暴露自己身體上的缺點，造成對手心理上的優勢，切記即使是臉部簡單的失望表情，也會造成對手心理上的自信。
4. 球未落地前比賽都還未結束，保持雙眼聚焦在球上，直到球落地為止。
5. 運用比賽開始的前幾個得分來分析對手的優缺點，愈快掌握對手的缺點那麼獲勝的機會就增加。
6. 在比賽時一旦發現對手的缺點時，充分的利用它，任何的比賽要朝對手的優點打，絕對占不了便宜，除非他是曝露缺點的一種工具，例如：對方的反手較弱時，可以先打對方的正手位置就能夠曝露出反手拍的弱點。
7. 對於對手的情資蒐集，是很珍貴的一個賽前的心理建設，尤其是在未來比賽時對上過去的對手。
8. 假如沒有具備贏球的自信，就永遠不可能成為贏家，在任何比賽一定要擁有自信心，全力以赴到最後一分鐘為止。

對於每一種可能的情境，是無法規劃出一個特殊的策略，但是對於單打比賽的策略有一個通則可供參考：

- 發揮自己的優點，打擊對手的缺點。
- 以自己擊球的穩定性和一致性，迫使

對手失誤。

- 讓對手不斷的移位。
- 比賽時改變配速。
- 絕不要改變贏球的策略，應該修正輸球的策略。
- 嘗試著讓所有過頂擊球的姿勢相同，

欺敵假動作是要成為較佳球員的要素之一。

平日努力練習，目標是比賽時準確和成功的擊球，在正式比賽時要求教練從旁觀察和檢驗你的擊球動作，並在賽後做出擊球選項的檢討。

### 錯誤的步驟
未能造成對手不斷的移位，以至於對手能夠輕鬆的到位擊球。

### 修正的方法
每一次的回球目標應該讓對手遠離中場的位置。

## 策略練習六　改良式的單打

單打比賽的場區縮小如圖9.1（陰影區），運用任何方式的發球，採用所有單打的規則，球員只允許運用高遠球和吊小球來得分，計分方法和正常的單打比賽相同。

**成功的檢查點**

- 運用正確的步伐。

- 擊出高遠球。
- 吊小球越過網頂。

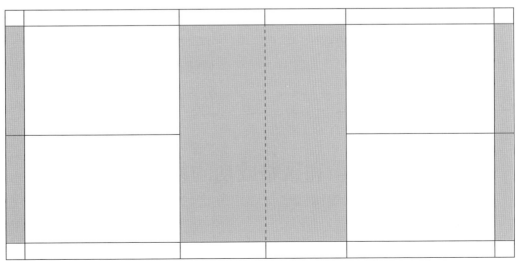

圖9.12　改良式單打比賽場區

# 雙打比賽的要領

雙打比賽和單打比賽的要領相似，隊友之間必須合作無間像一個團隊，而且要具備的體適能和自信心，是決定能否應付冗長的羽球比賽的要素，要成為一位頂尖的球員必須要擁有良好的體適能，有品質的擊球技巧和針對對手優缺點的調適能力，無論贏球或輸球，球員都必須接受一個事實，就是隊友要共同承擔輸或贏的責任，這也意味著比賽時和隊友討論戰術和問題是很重要的，現今計分方式的改變縮短比賽的時間，因此要克服比賽前期錯誤的時間就變少了，以下是羽球雙打比賽建議事項：

1. 開賽時發長球跟有質量的球非常重要。
2. 球員在發球或接球以及每次的進攻回位，都要靠近場中央。
3. 發球者和接球者都要站在靠近前發球線的中場位置，發球者和接球者的隊友則站在靠近球場後方的位置。
4. 任何雙打的回球是高球時，你和隊友就必須要採取並排的防守位置，隊友間也要看回球的型態來輪替這兩種位置。

5. 隊友間展現了任何身體上的缺點，會造成對手心理上的優勢，即使是簡單的臉部沮喪表情，也會導致對方自信的增強，發現對手不舒服的缺點時，就朝著他回球。
6. 一直到球落地才結束比賽，所以要保持雙眼在球上，直到球落地為止。
7. 運用比賽開始的前幾個得分來分析對手的優缺點，愈快掌握對手的缺點那麼獲勝的機會就增加。
8. 在比賽時一旦發現對手的缺點時，充分的利用它，任何的比賽要朝對手的優點打，絕對占不了便宜，除非他是曝露缺點的一種工具，例如：對方的反手較弱時，可以先打對方的正手位置就能夠曝露出反手拍的弱點。
9. 對於對手的情資蒐集，是很珍貴的一個賽前的心理建設，尤其是在未來比賽時對上過去的對手。
10. 假如沒有具備贏球的自信，就永遠不可能成為贏家，在任何比賽一定要擁有自信心，全力以赴到最後一分鐘為止。

# 戰術和戰略成功的結論

單打和雙打比賽時的戰術或戰略，需要隊員或隊友之間的通力合作來取分和贏得發球權，盡可能發揮自己的優點，避開對手的長處是最有效的戰術，假如對手體能欠佳，比賽時就嘗試著讓他疲於奔命而累癱，大多數的球員正手拍都優於反手拍，因此擊球時儘量擊到對手的反手拍，回球時要多變讓對

手失衡，假如自己的體能不佳的情況下，比賽時就嘗試著快速的進攻，並且讓雙方來回球愈少愈好，例如：運用扣殺或是直接擊球得分，發球時以安全為原則，回發球時以保守為原則，同樣地要熟悉單打比賽和雙打比賽的界線，如此在回球時才不至於出界。

雙打球員之間的合作和互補，是成功的雙打隊伍必備條件，另外隊友之間的互信和比賽中持續的努力移位至正確位置，並做出最佳的回球是優秀雙打球員的要件。

無論隊友是誰雙打球員的比賽模式是相同的，因此他們的互信值很高，也由於彼此之間的瞭解程度，因此一起比賽就變得很愉快。

---

**策略練習**

| | | |
|---|---|---|
| 1. 短推回球 | 10分得____分 |
| 2. 發短球－網前吊小球 | 10分得____分 |
| 3. 持續地高遠球－扣殺－擋球來回球 | 5分得____分 |
| 4. 四次來回擊球 | 10分得____分 |
| 5. 雙打發邊線球－網前來回擊球 | 5分得____分 |
| 6. 持續地平抽來回球 | 5分得____分 |
| 7. 六次來回擊球 | 10分得____分 |
| 8. 改良式的單打 | 5分得____分 |
| **總分** | **60分得____分** |

---

得分高於45分表示你已經準備好前進到下個單元，得分少於45分就必須加緊針對缺點重複練習，並且要求教練或資深的球員從旁評估你的技巧。

下個單元是雙打比賽，雙打比賽比起單打比賽的要求較少，特別是在休閒水平的球員，但是肌力、肌耐力、速度、眼－手協調性以及心肺耐力，對於單打雙打都是必備的要素，雙打比賽也要求團隊合作，勝負與共，隊友間要學習互補和前後的站位，和單打比賽一樣，羽球的雙打也是一種終身的球戲。

# 單元十　雙打比賽

雙打比賽和單打比賽絕然不同，主要的是從單一個人變成擁有隊友，而且通常你思考和反應的時間也變少了，雙打的策略很重要，要看球員場上位置而定，要能夠享受雙打比賽的樂趣，就必須學習和隊友之間位置的輪替和互補，像一個團隊一樣，輪替的方式視進攻端或防守端而定，從前後的位置轉換到並排的位置，在進攻端時通常是向下扣殺的情況，隊友之間就改變成並排的防守位置。

成功的雙打比賽隊友之間開始的站位，以及比賽中的保持正確的場上位置，是重要其中要素，是比賽時隊友之間的互信，一定要放手讓隊友去處理自己的擊球，任何雙打的回發球一定要設定目標，就是要迫使對手回擊出高球。

無論是男子或女子或混雙的雙打，必須具備相同的擊球技巧和團隊合作以及成功的比賽策略，正規的雙打比賽發球者和接球者，都應該在靠近網的位置，隊友則暫時負責後場的守備，任何一方的第一次擊球，要造成對手移位至回高球的位置，接下來的進攻擊球通常就決定得分的關鍵。

羽球的雙打比賽之所以是愉快的，有許多的因素，首先它是一個休閒的球戲，具備社交性和競爭性的功能，同時隊友間可以練習團隊合作和不同的策略，雙打比賽也同時考驗你的心臟強度，迅速移位快腿是必須的，心理的建設和體能活動的要求，可以幫助球員減壓與提升體能的水平，單元十一提供發展羽球比賽體能的練習方法，雙打比賽比起單打比賽的要求較少，特別是在休閒水平的球員，但是肌力、肌耐力、速度、眼－手協調性以及心肺耐力，對於單打雙打都是必備的要素，雙打比賽也要求團隊合作，勝負與共，隊友間要學習互補和前後的站位，和單打比賽一樣，羽球的雙打也是一種終身的球戲。

# 雙打比賽場上的站位

雙打比賽時球員的站位決定回球的方式與效率，圖10.1顯示雙打比賽時雙方球員位置，無論是發球者和接球者皆嘗試著讓對手將球挑高回球，剛開始雙方會努力去爭取進攻位置，所以隊友之間是前後站位，由於新的計分方式，所以發球時發球者儘量靠近前發球線和中線，而且準確一致地發出短球，發球失誤就造成對方的得分，因此發球時的穩定性和準確性就變得更為重要，所以要盡可能的去除發球上的失誤，新的計分方式之下發球者並不會因侵略性和冒險式的發球得利，平抽發球和快擊發球能夠讓對手在接發球時固定在原位，而不敢輕舉妄動，可以有效地運用正手或反手的發球動作，發短球也是最常在比賽中使用的，安全的保守性的回發球能夠迫使對手擊出高球，新的計分方式似乎對於較冒險地回發球造成的非受迫性失誤有所幫助。

圖10.1　雙打球員的起始位置雙方球員前後位置站立

錯誤的步驟
發球太短或太高。

修正的方法
這項錯誤會導致發短球的自信心喪失，甚至於造成失敗，運用正手或反手的發短球練習，一直到有自信為止。

　　以下的三種回球方式應該是成功的：推擊、中場平抽球、網前吊小球，中場平抽球或推擊至網前的球員，造成後方隊友必須低手擊出高球，假如站在網前的隊友未能積極的處理網前球，那麼U型的網前吊小球或是翻滾吊小球，會迫使他向上擊出高球，針對成功的發球回球，半場平抽球或推球是最佳的選擇，半場回發球是男子或女子或混雙比賽時最安全的選項，主要的目標是保持球向下的飛行，取得進攻的位置。圖10.2和10.3說明了雙打比賽場地的輪轉位置。

圖10.2　雙打比賽回發球後雙方前後站立進攻和防守位置

錯誤的步驟

隊友之間無法決定誰來回球造成遲疑。

修正的方法

嘗試著留在正確的位置上,當回球至中場時,球處於正手方的隊友應該負責回球。

圖10.3　雙打比賽回發球後雙方前後站立進攻和並排防守位置

　　當球進入隊場的場區或對手被迫要擊出高球時,前後站立的方式是比較適合的方式,並排的站立方式適合在防守的狀態下,隊友間也比較容易來回擊對方的來球,通常每一次的回球隊友要具備一個目標就是要迫使對手擊出高球或高遠球,總之從前後的站位轉變至並排站位的輪替系統,是一種從進攻轉移至防守的過度。

**錯誤的步驟**

太多的挑高回球。

**修正的方法**

雙打比賽時直接扣殺。

有時候球員必須要擊出高遠球，這種情況下就必須採用並排的模式，假如能夠回球造成對手挑高球那麼就應該轉換到前後站立的模式，另一個轉移至前後站立的例子是在對手發出高遠發球的時候，當高遠球發出的當下就要改變至前後站立的模式，靠網接球的位置移位到後場去回發高遠球，然後隊友在後方的位置移位到網前準備網前的回球，那發高遠球的一方隊友之間的位置輪替也相同，當發球者在前位發出高遠球後，迅速向後移位進入並排的站位，當隊員認知發出高遠球時迅速移至隊友的身旁，形成肩並肩的站位，負責另一場區的防守。

# 團隊合作

比賽前中後隊友之間的溝通是重要的，隊友之間必須要互補，無論是進攻端和防守端，前後站立合作無間才能成功，切記隊友間榮辱與共，共同承擔贏和輸的責任，隊員的每一個動作都決定團隊成敗的結果，一句簡短清楚的口頭訊號，例如：提醒隊友雙方來回球時，出界！就可以幫助隊友減少犯錯的空間，口頭的指令譬如，我來！你的！可以幫助隊友在回球時，一個很清楚的界定誰來負責回球。

雙打比賽時，隊友之間成功合作的兩個基本要素如下：

1. 發球者必須要建立成功發短球的自信心和能力。
2. 發球者在發球後必須積極的移位至網前，以避免對手運用吊小球來回發球。

信任隊友在成功的雙打團隊扮演著很重要的角色，假如隊友間持續的存在不信任感，而做出預料之外的舉動，都是造成彼此困惑的因素，也會導致彼此間的不信任，缺乏信任感會導致失分，那麼也是隊友間產生不愉快的主因，這時候隊友間再正確再適當的批評都很難讓對方接受。

**錯誤的步驟**

對於彼此的優缺點，隊友間未能夠合作或互補。

**修正的方法**

賽前和隊友討論比賽策略優缺點而彼此負責的場區，發揮團隊精神。

錯誤的步驟

比賽時欠缺溝通。

修正的方法

賽前和隊友討論可能的比賽情境。

## 其他的雙打比賽策略

- 回球時，回球至對方場區迫使對手挑高球，即使是缺乏速度的回球，例如：快速的吊小球或是半扣殺，也要讓對手挑高回球，這樣的話你和隊友就能夠留在前後的進攻位置。
- 發球時儘量發出低短球，新的計分方式對於非受迫性發球失誤，是沒有益處。
- 發球時要積極的朝著網前移位，絕對要避免對手吊小球。

- 接球時儘量靠網，但是腦子裡要有發長球的思維，大多數的回發球運用推擊來操作大部分的回發球，超越前位的對手。
- 大部分運用直線扣殺。
- 盡可能儘快的擊球過網，直線的網前吊小球通常是比起對角較實用，除非對手是直接站在對面的網前，最佳的回球是以最快速度過網，造成對手有較少的回擊時間。

錯誤的步驟

未妥當處理回球造成對手更多的時間來回應，而使得自己回應時間緊縮。

修正的方法

發展正確的策略，加強隊友間的合作和溝通，比賽時發短球或長球，運用口頭的訊號互相幫忙，擊球給較弱的對手，最好不要運用緩慢的吊小球或高遠球回擊。

　　雙打比賽時擊球要打到兩位對手之間的空檔是很困難的，當你的擊球讓對手之一無法回擊時，另一位對手可能就會在準備的位置上，所以必須能夠成功

發出低短球，絕對不要在來回球時擊出高球，隊友之間嘗試著大範圍的補位可能造成產生問題，絕對不要針對隊友的錯誤或失誤給予批評和責罵。

## 雙打練習一　雙打的發邊線短球練習

　　A球員發邊線短球給B球員，B球員運用直線網前吊小球，回球給隊友的正手和反手邊巷弄，A球員發球一直到

B球員完成了5次成功的回球至他的正手位置，然後重複此練習至他的反手邊巷弄，吊小球的回球必須要到對手的反

手邊巷弄和前發球線之間才算成功的回球，完成成功5次的回球之後，球員角色替換再重複一樣的過程，運用反手發短球重複練習。

**成功的檢查點**

- 貼近網頂發對角球。
- 朝著邊巷弄發對角球。
- 吊小球回球，貼網墜地。

## 雙打練習二　發高遠球—輪轉—扣殺—擋球

　　雙打A和B隊，兩隊隊員分別以前後位置站立在網兩邊的場區（圖10.4），B1球員首先在前位接球，A1球員發出高彈球或深遠高球給B1球員，A1和A2球員平行站立於防守位置，B1和B2球員交換位置，就是當B1球員後退處理高遠發球時，B2球員上網，B1球員完成扣殺回擊後，A1或A2球員試著擋球來回擊扣殺球。

**增加難度**

- 發球隊盡力化解對手的扣殺而不只是擋球。
- 發球者可以運用彈擊或平抽發球來增加接球者難度。

**成功的檢查點**

- 發球隊員移位至平行防守位置。
- 接球隊員交換位置，隨時保持前後之進攻位置。

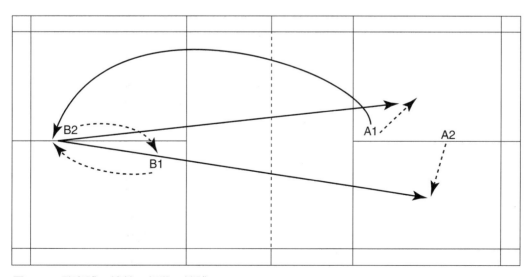

圖10.4　發高球－輪替－扣殺－擋球

完成5次成功的程序練習無失誤 = 10分

完成3或4次成功的程序練習無失誤 = 5分

完成1或2次成功的程序練習無失誤 = 1分

你的分數_____

## 雙打練習三　發短球－回推來回球

A1球員首先從發球場區發球，發短球給B1球員（圖10.5），B1球員運用回推球回擊，至對手的反手邊巷弄或正手邊巷弄，然後球員A2試著回推給靠近中場的B2球員，這些回推球應該要超越前發球線，進入靠近對手的邊巷弄，A1和B1球員應該要停留在靠近中間T點的位置，做出試著要攔截回擊至邊線回球的假動作，交替著從右和左的發球區發球，A2和B2球員交替的從每一發球區完成5次以上成功回球，兩組的隊友交換位置，A2球員應該發短球給B2球員，B2球員完成5次成功的回推球，A1和B1球員要試著來回的擊球至邊線。

成功的檢查點

• 發球儘量貼著網頂。

• 回推球越過網頂，墜落靠近中場。

### 操作成功的給分

從每一發球區來回5次以上的回球無失誤 = 10分

從每一發球區來回3或4次的回球無失誤 = 5分

從每一發球區來回1或2次的回球無失誤 = 1分

你的分數_____

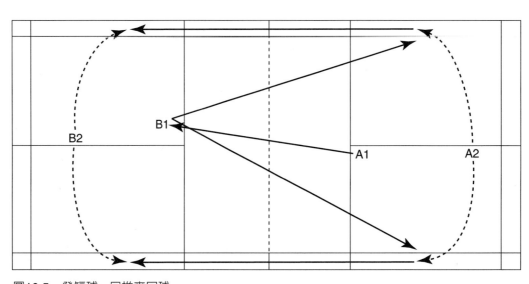

圖10.5　發短球－回推來回球

## 雙打練習四　改良式雙打

雙打的比賽場區縮減成圖10.6的所顯示的場區，球員可以運用任何形式的回球方式來贏得來回球和分數，但是在首次的雙打發球後，只有邊巷弄才算界內，其他的計分方式就和正常的雙打比賽相同。

成功的檢查點

• 運用正確的步伐。

• 運用正確的模式來涵蓋整個場區。

• 擊球至對方靠近網頂墜地的位置。

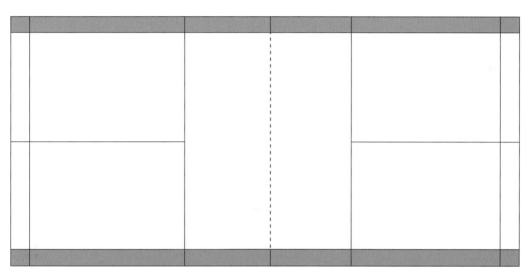

圖10.6　改良式雙打場區的界線

## 雙打練習五　高遠球－扣殺－無吊小球的雙打

雙打比賽的場區縮小如圖10.6所顯示（陰影區），可以運用任何方式的發球，採用雙打的規則，球員只能運用高遠球和扣殺來贏得來回球和分數，不准使用吊小球，計分方式和正常的雙打比賽相同。

成功的檢查點

• 運用正常的步伐。

• 擊出高遠球。

• 扣殺－半扣殺－快速吊小球－落點必須超越前發球線。

## 雙打練習六　迷你球場

　　A球員發短球給B球員，B球員得運用回推球或吊小球至A球員的反手位或正手位，這是一種在網前來回球的練習，因此雙方球員應該嘗試著回球在前發球線和網之間的區域，任何的回推球超越了前發球線視同出界球，對方球員得1分，A球員和B球員應該留在靠近T點的位置，並嘗試著攔截對方向邊線的回球假動作，整個練習持續進行至任何一方贏得21分為止。

### 成功的檢查點
- 發球靠近網頂落至對方場區。
- 回推和吊小球飛越網頂，墜落在前發球線的前方。

#### 操作成功的給分
贏得比賽 = 10分
失去比賽 = 5分
你的分數_____

## 雙打練習七　網上得分

　　雙打比賽時站在前位的T點位置，五個羽球附著在網的上方，間隔約3英尺，每個球頭都向下，球的羽毛掛在網上，一個球放置在網的中間位置，其他四個球，兩個一組分至兩側，模擬比賽時對手網前吊小球，球員奔向網前擊球得分，揮拍必須是跟網平行的方向，而且不可以觸網，運用平的拍面來刷球或擊球，每次擊球後迅速回位置至T點，然後再快速奔向網前，按照順序把五個球都打過網，打進對方的場區。

### 成功的檢查點
- 回擊過網。
- 球拍不要觸網。
- 球立即下墜至對方的地面。

#### 操作成功的比分
成功的5次擊球 = 10分
成功的3或4次擊球 = 5分
成功的1或2次擊球 = 1分
你的分數_____

## 雙打練習八　三角形雙打

　　這是一個比分30分的練習，三位球員站立在網兩邊的場區內，

　　有一位球員在前位靠近T點的位置，其他兩位球員則站在後場，每位球員負責後半場，A1球員和B1球員站在前位T點位置，A1或B1球員開始發短球，接著就回發球，持續地練習一直到失誤為止，準確的發球和回發球是重點，任何的挑高回球幾乎都造成被扣殺的結果，這個練習強調比賽時的防守和

球的落地以及進攻的模式。雙方所有的球員在自己的位置上，負責自己位置上的擊球一直到有一隊友失誤為止，然後每一隊友時間輪轉，輪轉到後場的右邊位置，A2和B2球員從後場的右邊輪轉到後場的左邊，A3和B3球員向前輪轉負責前場的位置，任何一方的球員都負責自己位置的擊球，一直到任何一隊得到20分為止，所有隊伍就順時針輪轉，A1和B1輪轉到左後場區，A3和B3球員則移位到右後場區，A2球員和B2球員則負責網前的擊球，直到比賽結束，第一個贏得30分的隊伍，贏得比賽。

## 成功的檢查點

• 運用快速吊小球或扣殺來回球。
• 緩慢的回球是最差的選項，並且大部分會受到對方網前球員的截擊。

---

# 雙打比賽成功的結論

雙打比賽球員的場上正確位置是很重要的，比賽時球員之間的互信也是一個重要的因素，相信隊友並允許他去處理每次的擊球，任何雙打的發球和回球必須要保持一個目標，就是迫使對手挑高回球，無論男子或女子或混雙的比賽，都要求相同的擊球技術和團隊合作以及成功的策略，正規的雙打比賽發球者和接球者皆站在靠網的位置，他們的夥伴則暫時負責後場的守備，任何一方

---

**雙打練習**

1. 雙打發至邊線短球練習 ⋯⋯⋯⋯⋯⋯⋯⋯⋯ 10分得＿＿＿分
2. 發高球－輪轉－扣殺－擋球 ⋯⋯⋯⋯⋯⋯ 10分得＿＿＿分
3. 發短球－回推來回球 ⋯⋯⋯⋯⋯⋯⋯⋯⋯ 10分得＿＿＿分
4. 改良式雙打 ⋯⋯⋯⋯⋯⋯⋯⋯⋯⋯⋯⋯⋯ 10分得＿＿＿分
5. 高遠球－扣殺－無吊小球 ⋯⋯⋯⋯⋯⋯⋯ 10分得＿＿＿分
6. 迷你 ⋯⋯⋯⋯⋯⋯⋯⋯⋯⋯⋯⋯⋯⋯⋯⋯ 10分得＿＿＿分
7. 網上得分 ⋯⋯⋯⋯⋯⋯⋯⋯⋯⋯⋯⋯⋯⋯ 10分得＿＿＿分
8. 三角形雙打 ⋯⋯⋯⋯⋯⋯⋯⋯⋯⋯⋯⋯⋯ 20分得＿＿＿分

**總分** 90分得＿＿＿分

的第一次擊球應該是傾向於造成對手進入挑高球的回球位置，繼起進攻位置的欺敵動作，通常是決定來回得分的關鍵，記錄所有練習的得分以及此單元的總分。

得分在70分以上表示已經熟練了雙打比賽所有必備的技巧，得分低於70分，就要加緊重複練習，要求教練或資深的球員從旁評估你的技巧；本書最後一個單元是體能訓練，良好的體能訓練對單打比賽特別重要，肌力和肌耐力、有氧和無氧適能以及柔軟度的訓練，對於場上表現的提升以及整體的體適能改進，都有極大的幫助。

# 單元十一 體能訓練

單打比賽通常稱為是體適能和耐心的競技，球員對於自己擊球的好壞要負全責，單打比賽的新手主要的目標是要保持來回球的順暢運作，因此大部分時間這些新手都運用高遠球和吊小球來完成任務，球員比賽時的成功或失敗通常要看維持來回球的能力和迫使對手在場上移位，一直到對手擊出軟弱的來回球為止，最後的目標應該是要贏得來回球並得分。

優秀的羽球選手增加了扣殺、平抽球和繞著頭部的擊球，以及各種更高難度的擊球技巧，他們也學習著和較優秀的對手交手，並且能夠準確預測對手的回球意向。

改變發球的配速和落點也很重要，要去發展執行進攻高遠球、快速的吊小球和半扣殺的技巧，比賽時擊球的品質和在壓力下的執行能力，決定輸贏的關鍵，擊球的準確性和假動作加上良好的反射能力與耐力，能夠大大的增加單打比賽場區的掌握能力。

羽球的單打比賽是提供自己比賽成功或失敗的檢驗機會，羽球的單打也是有氧運動的絕佳方式，對於改進心肺功能和整體的健康是有幫助的，其他存在的回饋包括休閒社交和心理的好處，以及實質的獎勵譬如獎盃、獎牌、排名等。

## 體適能的要素

一位羽球選手擁有較佳的體能可以提升擊球技巧的水準，變成更優秀的選手，比數相近的比賽，選手的體適能往往是決定比賽結果的要素，羽球的體能訓練科目最重要的考量是肌力、肌耐力、有氧訓練（心肺耐力）、無氧訓練（間歇、循環、超速度訓練）、柔軟度、專注力和運動傷害的預防。

此外除了身體的訓練以外，還要包括均衡的飲食和充足的睡眠以及訓練法

則，以下是體能訓練的各種發展特殊體適能的方法。

## 肌力和肌耐力

負重訓練是培養肌力與肌耐力的一絕佳方法，研究指出，中度的重量訓練課程運用50至60%最大肌力擷抗作用重複8至12次有助於肌力和肌耐力的鍛鍊，循環訓練包括肌力訓練，伏地挺身和球拍加重的空中截擊皆有助於手腕、手臂和肩膀力量和耐力的增強，仰臥起坐或捲腿向上有助腹部力量和耐力的強化，跳繩能增強腿力和耐力與改善步伐移位。

## 有氧訓練或心肺耐力訓練

跑步對於肌耐力與心肺功能的鍛鍊是有幫助的，慢跑、長跑、上下階梯跑和跳繩等運動都是有氧體能訓練的良好方法，對於羽球選手來說，長距離的跑步訓練或許不需要，中等強度2至4哩5.2至6.4公里）快速跑比起10哩16.1公里）慢跑隊羽球選手更有效。每星期至少3天的有氧訓練，對於優秀選手建議增加5至7天，個人的技術水平是評量有氧訓練需求量的最主要參考指標。賽前幾天前訓練分量的縮減是必要的，大賽前，2至3天的調整訓練以便儲存和回復足夠能量。

## 無氧訓練

無氧訓練有許多方法，迅速變向的能力是快節奏羽球比賽的重要元素，短距離衝刺和折返跑包含到位、觸擊和變向等動作，對於增進動作速度是有幫助，最近的研究報告指出，羽球比賽時來回球時間約占50%的總時間，這意謂羽球是一種間歇性的運動，一部分時間雙方激烈廝殺，其餘時間則處於非比賽狀態的游走、深呼吸與換場動作，雖然比賽應該是緊湊持續的進行，但是在得分間存在許多無動作狀態。

間歇訓練通常包括跑步階段和休息放鬆時間，它就是屬於非連續性動作的類型，大部分研究指出作功和休息的比率應該是一比二，換句話說跑步1分鐘後休息兩分鐘。其他類型的間歇訓練包括上坡跑、下坡跑或階梯跑，田徑場上的繞圈跑是另一方式間歇訓練，直線時快速跑，彎道時放慢速度。

表11.1、11.2和11.3.介紹運用無氧間歇訓練的三種跑步機練習結果，開始跑步機無氧間歇訓練前，5至10分鐘的暖身和伸展時間，做柔軟操以及伸展操來達到暖身和預防傷害的目的；每次運動前，運動後15秒以及下一運動前30秒，皆記錄下心跳率，運動後正常的休息心跳率應該在每分鐘100次以下，假如運動後休息兩分鐘後的心跳率仍高於每分鐘120次，建議延長休息時間2分鐘半至3分鐘。

表11.1　體能良好女子運動員和體能普通男子運動員跑步機練習情況

| 活動 | 時間 | 速度 | 休息時間 |
|---|---|---|---|
| 走路 | 3分鐘 | 3哩／時（4.8公里／時） | 無 |
| 跑步 | 7分鐘 | 8.5哩／時（13.7公里／時） | 2分鐘 |
| 跑步 | 3.5分鐘 | 8.5哩／時（13.7公里／時） | 2分鐘 |
| 跑步 | 1分鐘 | 9.0哩／時（14.5公里／時） | 2分鐘 |
| 跑步 | 1分鐘 | 9.0哩／時（14.5公里／時） | 2分鐘 |
| 跑步 | 1分鐘 | 9.0哩／時（14.5公里／時） | 2分鐘 |
| 跑步 | 1分鐘 | 10.0哩／時（16.1公里／時） | 2分鐘 |
| 跑步 | 1分鐘 | 10.0哩／時（16.1公里／時） | 2分鐘 |
| 跑步 | 1分鐘 | 10.0哩／時（16.1公里／時） | 2分鐘 |
| 跑步 | 1分鐘 | 11.0哩／時（17.7公里／時） | 2分鐘 |
| 跑步 | 1分鐘 | 11.0哩／時（17.7公里／時） | 2分鐘 |
| 跑步 | 1分鐘 | 11.0哩／時（17.7公里／時） | 2分鐘 |
| 跑步* | 1分鐘 | 12.0哩／時（19.3公里／時） | 2分鐘 |
| 跑步* | 1分鐘 | 12.0哩／時（19.3公里／時） | 2分鐘 |
| 跑步* | 1分鐘 | 12.0哩／時（19.3公里／時） | 2分鐘 |

*最後三次跑步（每分鐘以12哩／時〔19.3公里／時〕）是選擇性的，當體適能水平增加時可以考慮加入。

表11.2　體能超優女子運動員和體能極度良好男子運動員跑步機練習情況

| 活動 | 時間 | 速度 | 休息 |
|---|---|---|---|
| 走路 | 3分鐘 | 3.0哩／時（4.8公里／時） | 無 |
| 跑步 | 7分鐘 | 8.5哩／時（13.7公里／時） | 2分鐘 |
| 跑步 | 3.5分鐘 | 8.5哩／時（13.7公里／時） | 2分鐘 |
| 跑步 | 1分鐘 | 9.0哩／時（14.5公里／時） | 2分鐘 |
| 跑步 | 1分鐘 | 9.0哩／時（14.5公里／時） | 2分鐘 |
| 跑步 | 1分鐘 | 9.0哩／時（14.5公里／時） | 2分鐘 |
| 跑步 | 1分鐘 | 10.0哩／時（16.1公里／時） | 2分鐘 |
| 跑步 | 1分鐘 | 10.0哩／時（16.1公里／時） | 2分鐘 |
| 跑步 | 1分鐘 | 10.0哩／時（16.1公里／時） | 2分鐘 |
| 跑步 | 1分鐘 | 11.0哩／時（17.7公里／時） | 2分鐘 |
| 跑步 | 1分鐘 | 11.0哩／時（17.7公里／時） | 2分鐘 |
| 跑步 | 1分鐘 | 11.0哩／時（17.7公里／時） | 2分鐘 |
| 跑步* | 1分鐘 | 12.0哩／時（19.3公里／時） | 2分鐘 |
| 跑步* | 1分鐘 | 12.0哩／時（19.3公里／時） | 2分鐘 |
| 跑步* | 1分鐘 | 12.0哩／時（19.3公里／時） | 2分鐘 |

*最後三次跑步（1分鐘內以12.0哩／時〔19.0公里／時〕）是選擇性，當體適能水平增加時可以考慮加入。

表11.3　體能超優女子運動員和體能優男子運動員跑步機練習情況

| 活動 | 時間 | 速度 | 休息 |
|---|---|---|---|
| 走路 | 3分鐘 | 3.0哩／時（4.8公里／時） | 無 |
| 跑步 | 5.5分鐘 | 11.0哩／時（17.7公里／時） | 2分鐘 |
| 跑步 | 2.75分鐘 | 11.0哩／時（17.7公里／時） | 2分鐘 |
| 跑步 | 1分鐘 | 12.0哩／時（19.3公里／時） | 2分鐘 |
| 跑步 | 1分鐘 | 12.0哩／時（19.3公里／時） | 2分鐘 |
| 跑步 | 1分鐘 | 12.0哩／時（19.3公里／時） | 2分鐘 |
| 跑步 | 1分鐘 | 13.0哩／時（20.1公里／時） | 2分鐘 |
| 跑步 | 1分鐘 | 13.0哩／時（20.1公里／時） | 2分鐘 |
| 跑步 | 1分鐘 | 13.0哩／時（20.1公里／時） | 2分鐘 |
| 跑步 | 1分鐘 | 14.0哩／時（22.4公里／時） | 2分鐘 |
| 跑步 | 1分鐘 | 14.0哩／時（22.4公里／時） | 2分鐘 |
| 跑步* | 1分鐘 | 14.0哩／時（22.4公里／時） | 2分鐘 |
| 跑步* | 1分鐘 | 15.0哩／時（24.1公里／時） | 2分鐘 |
| 跑步* | 1分鐘 | 15.0哩／時（24.1公里／時） | 2分鐘 |

*最後三次跑步（1分鐘內以15.0哩／時〔24.1公里／時〕）是選擇性，當體適能水平增加時可以考慮加入。

全部跑步項目都是在跑步機零度水平的跑道上來操作，除非是處於跑步機最大速度實例外，假如跑步機的時速無法超越每小時10哩（16.1公尺），就停留在10哩時，時速超越10哩／時，建議坡度提升1度，例如：時段在11哩／時（17.7公里／時）。

坡度提升1度就要以10哩／時的速度來操作，時段在12哩／時，坡度提升2度以10哩／時操作，至於休息的時段要逐漸降低跑步機的時速3.0哩／時（4.8公里／時），剩餘的休息時段就以走路來完成。

這些跑步機的練習項目，是針對具備良好體能的運動員來設計的，羽球的初學者或許僅對休閒娛樂的打法比較有興趣，因此對初學者並不需要去強調最低的體能水平，但是在超越了休閒選手的水平而進入精進水準時就需要去加強訓練，譬如說要10分鐘內完成1哩的跑步，參見表11.4初學者中階和高階羽球選手的訓練科目樣本。

每次完成科目之後都要有至少5分鐘的走路時間，在跑步機上3哩／時（4.8公里／時）零坡度，在整理運動的階段心跳應該下降至少於90次／時，循環訓練包括一系列的運動或是運動站，每一站都針對身體的特殊部位鍛鍊而設，分散在環狀的跑道上，運動員在每一站操作指定的運動項目，然後走路或快跑到下一站，去執行另一個運動項目，循環訓練的目標是要在一定時間內（目標

時間）去完成整個環狀運動項目，或者在指定時間內去完成每一站的運動項目（例如：30秒），另一個考慮的重點是每一站包含不同運動強度的項目，在規定時間內運動員完成第一階段的環式訓練，就前進到下一個層次或許是僅僅提升了重複次數而已，但是目標時間還是一樣，所以循環訓練潛在提供了肌力、耐力、柔軟度、敏捷性和心肺耐力的綜合。表11.4提供3組樣本循環訓練科目給初學者、中階和高階的羽球選手來參考，每一科目也都包含重量訓練。

表11.4　初學者、中階和高階運動員的循環訓練樣本科目

| | 初學者：3日／周 | 中階：4或5日／周 | 高階：6或7日／周 |
|---|---|---|---|
| 柔軟操 | 操作下列動作：<br>• 10次的開合跳<br>• 20次的屈膝仰臥起坐<br>• 10次的軀體前彎交替的手指碰相對腳趾<br>• 10次的伏地挺身 | 操作下列動作：<br>• 15次開合跳<br>• 50次的屈膝仰臥起坐<br>• 15次的軀體前彎交替的手指碰相對腳趾<br>• 15次的伏地挺身 | 操作下列動作：<br>• 15次的開合跳<br>• 100次的屈膝仰臥起坐<br>• 25次的軀體前彎交替的手指碰相對腳趾<br>• 25次的伏地挺身 |
| 有氧 | • 持續地走或慢跑從0.5哩至1哩，以8到10分鐘每哩的配速來完成0.5至1哩的持續快走或慢跑<br>• 完成持續100次的跳繩動作，或者是分兩組各50次的跳繩動作 | • 以7.5到8哩／分來完成1到3哩的快走或慢跑<br>• 一次完成250次的跳繩或者分5次每次各50下的跳繩 | • 以6到7哩／分的配速來完成3至5哩的跑步<br>• 一次完成500下的跳繩或者分5次每次100下的跳繩 |
| 無氧 | • 對牆持續擊球1分鐘，5個循環加總時間為5分鐘<br>• 5次25碼的衝刺快跑或10次的區間跑<br>• 兩邊邊線的來回跑20次，每次要以外手觸擊雙打的邊線 | • 1分鐘的對牆來回球做10組<br>• 5次50碼快跑衝刺或者15次的區間跑<br>• 兩邊邊線的來回跑30次，每次要以外手觸擊雙打的邊線，也可以分為3組各10次的動作 | • 做15組每次1分鐘的對牆來回球，加總時間共15分鐘<br>• 10次50碼的快跑衝刺或是15次的區間跑<br>• 兩邊邊線的來回跑50次，每次要以外手觸擊雙打的邊線，也可以分為5組各10次的動作 |
| 重量訓練 | • 以最大肌力的50%來重複下列動作8至12次<br>• 肱三頭肌的伸展<br>• 臥推<br>• 肱二頭肌伸屈<br>• 側臂上舉<br>• 蹲舉<br>• 小腿或膝關節的伸展<br>• 手腕的伸屈<br>• 手部彎舉 | 以最大肌力的60%來重複下列動作8至12次<br>• 肱三頭肌的伸展<br>• 臥推<br>• 肱二頭肌伸屈<br>• 側臂上舉<br>• 蹲舉<br>• 小腿或膝關節的伸展<br>• 手腕的伸屈<br>• 手部彎舉 | 以最大肌力的70%來重複下列動作8至12次<br>• 肱三頭肌的伸展<br>• 臥推<br>• 肱二頭肌伸屈<br>• 側臂上舉<br>• 蹲舉<br>• 小腿或膝關節的伸展<br>• 手腕的伸屈<br>• 手部彎舉 |

超速度訓練基本上是超負荷的原理運用在速度訓練的領域上，這種訓練是要求超越正常的速度所及，最好的訓練方法是運用電動跑步機，設定配速超過正常的跑步速度，例如：正常情況下你無法以4哩／分的跑步，但是你或許可以以4哩／分的速度跑30秒或1分鐘，增高跑步機的坡度，運動員就必須要抬腿來產生更大的力量，從水面下向上揮擊網球拍或羽球拍都是超速度訓練法的案例，運用特殊性的訓練原則，包括你選擇的運動技巧的訓驗，上坡跑或下坡跑也是超速度訓練的方式。

等力訓練同時也強調了超速的做功，等力訓練包括彈跳、深度跳躍（從一個高度往下跳，著地的一霎那，迅速反彈到一定的高度）以及跳繩，例如：用較重的繩子或是操作空中雙回環的跳，也是超速度訓練或超負荷訓練強調腿力的跳躍能力。

## 柔軟度

柔軟度指的是關節間的延展範圍，伸展運動的主要目的是要增加關節附近的肌肉柔軟度，幾乎所有各種伸展運動皆能夠增進主要關節的柔軟度，至少是暫時性，有些研究報告指出靜態的伸展比動態的伸展較不容易造成運動傷害，所謂的靜態伸展是伸展到最大的位置，停留在那個位置30～40秒，至於動態的伸展是運用移動或彈震來強化伸展。

開合跳和體前彎轉體是動態伸展的範例，一種伸展方法叫做促進神經肌肉刺激的自受器（PNF），他是運用隊友的協助短暫的來對抗伸展的肌肉群的收縮，在肌肉放鬆後，隊友靜態的協助伸展肌肉超越正常的收動作範圍，（PNF）伸展應該只有在有證照的專業人員指導下才可以去操作，無受過訓練的運動員不熟悉肌肉的收縮範圍，而造成肌肉的拉傷。

伸展運動能夠增強柔軟度，但是似乎不能夠改善肌力或運動表現，最新研究指出運動員經由改善體適能水平，加上柔軟度的增進對運動表現有更大的幫助，很普遍的一種假說，改善了柔軟度能夠協助運動傷害的預防，然而有氧適能欠佳比起柔軟度欠佳和嚴重的傷害風險有更高的相關。

羽球選手應該要將伸展運動融入在暖身運動當中，當然也包括有氧運動，建議通常伸展運動在有氧運動之後來操作，溫度較高的肌肉伸展比起冰冷的肌肉伸展較容易保持延展性較久，羽球是一種結合跳躍激烈的過頂揮臂動作和快速變向的運動，必須運用爆發性的瞬間力量，過度的伸展和過多時間耗在暖身上，事實上會暫時的減少力量，因此許多的專家建議伸展運動應該在正規運動之後來實施，羽球比賽似乎強調對於有氧和無氧適能的需求，並加上暖身運動，至於是否在激烈運動後或前實施伸展，就是運動員個人的選擇。

以下是介紹羽球選手基本靜態伸展的運動，每次的伸展保持20～30秒：

- 肩膀的伸展（圖11.1）
- 以站立的姿勢雙臂置於體側，雙肩上下運動回到起始的位置，這個動作伸展和放鬆頸部和斜方肌的肌肉。
- 頸部的伸展（圖11.2）
- 正常站立的姿勢，頸部交替的向兩次伸展，耳朵朝著肩膀的位置移動，交替的伸展從左側到右側，可以運用單手來協助推擠頭部的側方來加強伸展，這種動態的伸展能夠協助頸部肌肉的暖身。
- 肱三頭肌的伸展（圖11.3），站立的姿勢交替的伸展和暖身雙臂的肱三頭肌，交替的將手臂置於頭後側然後運用另一隻手來協助伸展，當置於頭放後側的手向下延展時，另一隻手就放在手肘位置施予壓力，來強化肱三頭肌的伸展。

圖11.2　頸部伸展

圖11.3　肱三頭肌伸展

圖11.1　聳肩

圖11.4　肩部伸展

169

- 肩部的伸展（圖11.4），手臂置於胸前處於平行的位置，然後兩手交替的伸展，當右手臂向左伸展時，左手置於右手臂的下方來向內壓迫，這個拉的動作協助了伸展並且幫助了肩關節的肌肉暖身。

- 股四頭肌的伸展（圖11.5），正常的站立姿勢，交替的將腿向身體後方彎曲來伸展雙腿，單腳站立時用手抓住身體後方彎曲的腳，然後將腳稍微向著臀部來壓擠，然後交替的伸展和暖身股四頭肌。

圖11.5 股四頭肌伸展

- 雙腳交叉體前彎（圖11.6），以正常的站立姿勢，右腳在左腳前方保持站立的姿勢，身體在腰部的位置向前彎曲，試著用手指來觸及雙腳的指頭，然後在雙腳交換位置，左腳放在右腳前方重複這個伸展動作，交替的來伸展和暖身每一隻腿的後大腿肌。

- 小腿肌肉的伸展（圖11.7），以正常的站立姿勢採取前後腳站立的位置，後腳伸直腳掌貼地，前膝向前彎曲前後腿的位置反方向操作，伸展到另隻腿的小腿肌，交替的伸展和暖身兩隻的小腿肌肉。

圖11.6 雙腳交叉體前彎

## 專注力

專注力是球員要隔離外界干擾的一種能力，心智的練習要包括反覆的在心裡演練比賽的情境，或者真正的去體會擊出好球和贏得比賽的感覺，現代的科技能夠協助每個人去觀賞各項頂尖運動員的動作表現，透過觀賞專家影片的

圖11.7 小腿肌伸展

正確動作技巧，能夠幫助擊球和發球的正確操作方式，你也可以拍下自己擊球和發球的動作來和頂尖運動員的動作來比較，來看雙方的動作模式相似度，研究報告建議刪除掉不正確的動作技巧只記錄下正確的動作技巧，這樣才能夠觀察到自己正確的姿勢提供正面的回饋，這種視覺上的回饋即使沒有身體上的練習，對於比賽品質的改進是有幫助，意象練習的技巧是閉上雙眼然後去想像贏球或擊出好球的情境，最後放鬆似乎也能夠改善專注力，並且在比賽時能夠做出回應。

## 傷害的預防

羽球通常的運動傷害包含扭傷、挫傷、骨折和痙攣，所有羽球選手常犯的運動傷害，大部分侷限於腳踝和足部。

踝關節的扭傷是一種韌帶的傷害，他是由於腳向內的翻轉造成側面的韌帶受傷，85%的踝關節傷害都屬於這種類型。

踝關節骨折和造成扭傷的因素相同，都是由於瞬間的扭傷造成的，當然骨折是因為腿部外展的力量過大造成的。

挫傷是屬於肌肉或肌腱的傷害，從高處往下跳會造成踝關節的肌腱和足部的肌肉面臨挫傷的危險，一位羽球選手在過頂扣殺的動作時，非慣用腳要去承受球員體重3～4倍的撞擊力量，這樣的撞擊給於阿基里斯腱突然的伸展超越

了正常的動作範圍，因此可能造成肌腱的撕裂或挫傷，力量的訓練加上伸展和暖身運動是預防這種類型的外傷最好的方法，正確的步伐和足部護具能夠增強著地和快速變向的能力，並且能夠有效的降低傷害的可能性，阿基里斯腱的斷裂是一種嚴重的傷害，它是需要手術治療和長期的復健過程。

膝蓋的傷害是所有羽球選手共同的問題，當膝蓋碰到跑步、跳躍或者轉向帶來的額外壓力時（任何達到1000英磅或者454公斤重量負荷時），就有可能造成膝部的受傷，膝部的軟骨部分是最常發生的受傷部位，半月形的構造扮演著小腿脛骨和腓骨之間吸震和避震的功能，古老的半月形軟骨的醫療方式是完全把它移除掉，長期的醫療過程和復健過程並且留下較大的傷疤，隨著醫學的進步，半月形軟骨的傷害，只要把受傷的部位移除掉就可以了，復健的時間也縮短了，從幾個月變成幾天，另一個膝部經常受傷的部位是韌帶，假如每一膝部的7條韌帶之一斷裂，膝關節就變成不穩定，所以需要從身體某一個部位的肌腱組織移植替代韌帶組織，或者運用Gore-Tex（是一種人造纖維的防水材料），也是解決的方法。

手肘重複的過度使用，也是很容易造成傷害的，過頂的正手或反手的投球動作產生激烈的揮鞭動作，疲勞時就造成疼痛的現象，過度負荷會造成輕度的挫傷，網球肘就是一個流行的運動傷害，通常是因為前臂的肌肉過度的使

用，所造成的慢性病痛，握拍轉動前手臂時，手肘都會產生疼痛的現象。

對於這些流行的傷害結論，建議事先的預防是最好的良藥，所以暖身和伸展能夠降低肌肉關節扭傷和挫傷，熱水浴能夠提升身體的溫度讓全身放鬆，也可以預防挫傷，賽前操作一系列的基本伸展，比如5分鐘以上的踝關節和阿基里斯腱和後大腿肌、股四頭肌、背部肩膀和手臂的伸展，以緩慢的速度來伸展，同時在賽前暖身運動時要包括5～10分鐘的輕鬆擊球動作。

任何造成腫脹的傷害，應該要冰敷至腫脹消失為止，運用熱敷或塗藥應該是使用在肌肉的拉傷或是疼痛，按摩對於預防疲累肌肉的疼痛，並且能夠加速從疲勞中恢復，研究指出運動時充分的補充水分，能夠預防運動的痙攣和疼痛，激烈運動前中後都要補充大量的水分，有一些含電解質的飲料，例如：Gatorade、Powerade、All Sport，似乎對於預防肌肉的疼痛是有幫助的，糖的含量氣溫和數量都影響到身體吸收飲料的速度，高糖的飲料（超過10%）吸收比起純水或者低糖的飲料（6%～8%）較慢，冷水的吸收比起溫水或桶裝水較快，較大的量通常吸收的也較快，飲水泉的幾口喝水量，人體的吸收就不如大杯水（16～20盎司或半公升）的效果。

## 重量訓練

重量訓練的設計是要來增強肌力和肌耐力，羽球運動需要藉助肌力和肌耐力來移位執行每一種擊球方法，通常運用較重的負荷重複操作較少的次數，是發展肌力的方式，反之，運用較輕的負荷操作較多的重複次數，是增強肌耐力的原則，對於重量訓練較沒經驗的羽球選手，以下是建議的操作計畫，選擇負荷的重量（30～50磅〔13.6～22.7公斤〕）重複10～12次直到疲勞產生為止，每隔一天做這種重量訓練，然後嘗試著增加重複的次數，然後重複這樣一個循環一直到重複15次以上為止，然後再增加重量一直到10～12次重複次數，同樣的要發展柔軟度就必須針對相關的關節來大動作的伸展，以下是羽球比賽所要具備的肌力和肌耐力的身體部位：

- 手和手腕。
- 肱二頭肌和肱三頭肌。
- 後大腿肌和股四頭肌。
- 小腿肌。
- 腹肌。
- 背部和肩膀。
- 頸部。

自由的重量譬如啞鈴或槓鈴，是在拮抗重量訓練的科目較常使用的，發展手和手腕肌力和肌耐力，簡單的運動方式是持續的擠壓橡皮球，例如：壁球，這個動作可以每天定期的操作或者是列入訓練時間表的一部分，市面上商業重量的訓練設備很多種類型，

Nautilus、Universal、Keiser、Cybex和
Body Masters是一些重量訓練器材知名

品牌。

## 體能訓練練習一　裝著50個球的箱子

　　將一個裝有50個球的箱子，放在
椅子或桌子上，然後球員C站在場區對
面靠近T點處捧著箱子，球員A手上握
著8至12顆球，每次丟出一顆球過網給
在對面場區的B球員，B球員除了高遠
球以外可以運用任何的回球方式，他的
主要目標是盡可能讓球快點墜地，此外
B球員在每次擊球後必須嘗試著回復到
中場位置，因此A球員在丟球給B球員
的瞬間，必須要稍微停頓一下讓B球員
有足夠的回復時間，總之練習可以藉著
每次丟球時間的減少而增加難度，這種
快速的丟球迫使B球員迅速的移位，是
體能訓練很好的方式，假如球員B在回
球時失誤或失敗，球員A也應該不斷地
餵球直到50球結束為止，然後球員就
位置輪替，直到每位球員完成一至三組
的練習為止。

### 增加難度

• 縮短餵球的時間。

### 降低難度

• 增長餵球時間。

### 成功的檢查點

• 運用正確的步伐，有效或快速的移
　位。
• 不同的擊球運用正確的握拍。
• 執行正確的擊球方式盡可能儘快的擊
　球。

### 操作成功的給分

　　完成箱子裡50顆球少於10次的失
誤 = 10分
　　完成箱子裡50顆球少於11至15次
的失誤 = 5分
　　完成箱子裡50顆球少於16至20次
的失誤 = 1分
　　你的分數：＿＿＿＿＿＿

## 體能訓練練習二　正手高遠球和反手吊小球

　　A球員靠近中線位置約距離前發
球線3～4英尺，來接發球，B球員發出
高遠球給A球員的正手角落位置（圖
11.8）A球員直線高遠球回發球至B球
員的反手角落，B球員運用直線反手吊
小球來回擊高遠球，A球員朝著網前移
位運用低手高遠球來回擊吊小球至B球

員的正手角落，然後重複此操作程序。

### 成功的檢查點

• 每次擊球後回復至準備的位置。
• 擊出高遠球。
• 吊小球時盡可能貼著網頂墜落。

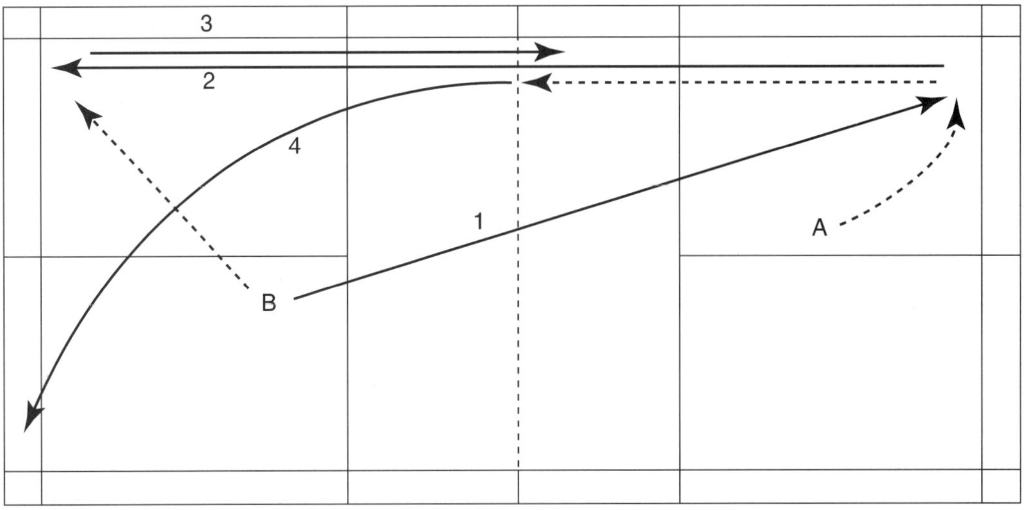

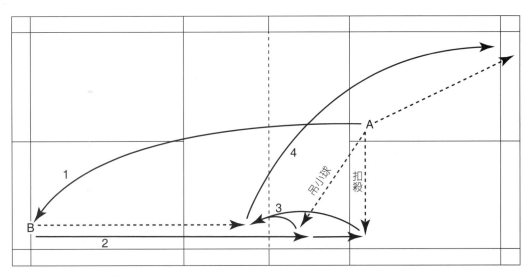

圖11.8　正手高遠球或反手吊小球

圖11.9　持續3次擊球來回球

| 操作成功的給分 | 持續來回球3～4分鐘無失誤 = 5分 |
|---|---|

持續來回球5分鐘以上無失誤 = 10分

持續來回球1～2分鐘無失誤 = 1分

你的分數：＿＿＿＿＿＿

### 體能訓練練習三　持續三次來回擊球

　　A球員擊出低手高遠球給B球員正手角落（圖11.9），B球員回擊直線吊

小球或扣殺至A球員的反手位，扣殺的回球應該落在場區較深的位置，A球員

羽球

邁向卓越

回球時要運用直線的吊小球，然後B球員回擊高遠球至A球員的正手角落，兩位重複此三次擊球的程序：高遠球，吊小球或扣殺，吊小球。

成功的檢查點

• 擊出高遠球。

• 加速扣殺。

• 吊小球時儘量貼網頂墜落。

## 體能訓練練習四　對角三次持續來回擊球

　　A球員以低手高遠球擊球給B球員的正手角落（圖11.10），B球員以對角吊小球或扣殺回球給A球員的正手位，A球員以直線網前吊小球來回球，然後B球員回高遠球至A球員的正手角落位，兩位球員重複3次擊球的程序：高遠球，吊小球或扣殺，吊小球。

成功的檢查點

• 擊出高遠球。

• 加速扣殺。

• 吊小球時儘量貼網頂墜落。

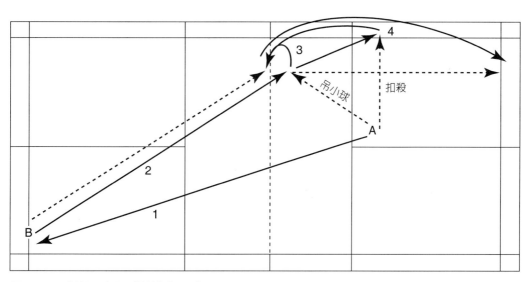

圖11.10　對角三次擊球持續來回球

## 體能訓練練習五　六次來回移位擊球

B球員必須要快速的前後和對角移位涵蓋全場，這是一個體能訓練擊球和步伐的練習，C球員位於後場擊出高遠球至B球員的正手深遠位（圖11.11），B球員擊出過頂正手高遠直線球至C球員的反手深遠位，C球員擊出對角吊小球至B球員的左前場，B球員以旋轉或翻滾網前吊小球回球，A球員位於網前迅速的擊出網前吊小球至B球員右後場區的深遠處，B球員則回以高遠球，這個程序迫使球員更快的移位來涵蓋單打的場區，5次的來回球後順時針輪轉，

操作此練習直到每位球員完成五次的來回球。

### 成功的檢查點

• 擊出高遠球。

• 吊小球時讓球翻滾貼網頂而過。

• 平抽球要快且平。

| 操作成功的給分 |
| --- |
| 完成4次的來回球無失誤 = 10分 |
| 完成3次的來回球無失誤 = 5分 |
| 完成2次的來回球無失誤 = 1分 |
| 你的分數：_____ |

## 體能訓練練習六　快速進攻

A球員是餵球者站在B球員對面的任何位置，餵球給B球員（圖11.12），B球員做出向網前移位的反應，C球員則靠近網的位置丟出一個剛好過網的短球，B球員則靠近網試著把球回擊，A球員在B球員的網前擊球後應該儘速的餵球給B球員，持續練習30～60秒。

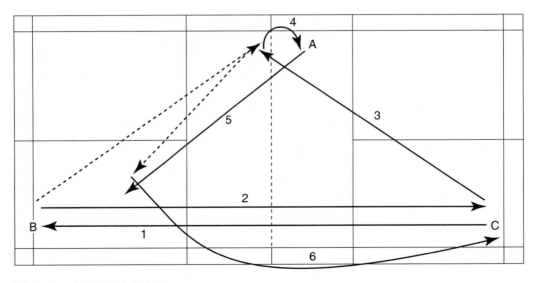

圖11.11　六次移位步伐來回

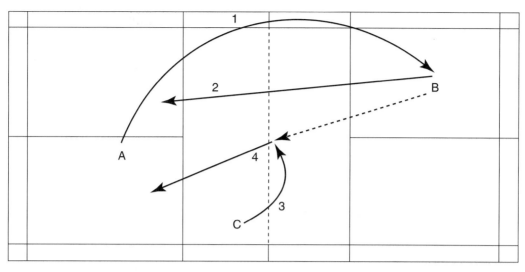

圖11.12　快速進攻練習

**增加難度**

- 增加配速造成B球員及時回位的難度。
- 網前的餵球高度要多變，球員B就不得不擊出網前平抽球來代替扣殺球。
- 要求球員B在他認為可能來得及觸球時，迅速奔向網前。

**降低難度**

- 減緩配速讓B球員有更多的時間。
- 調高網前的餵球高度讓B球員有更多

的時間到位。

**成功的檢查點**

- 網前移位時運用正確的步伐。
- 靠網時保持球拍向上。

操作成功的給分

持續來回球30秒無失誤 = 10分
完成6次連續的回球無失誤 = 5分
你的分數：＿＿＿＿＿＿

## 體能訓練練習七　後場進攻

　　A球員站在靠近底線位置運用低手擊出高拋物線的越網球給B球員（圖11.13），球員雙腳前後站立在後雙打發球線位，然後在對方擊球後奔向網前，球員B靠近網嘗試著擊出高遠球，讓他有足夠的時間回復到原位，當B球員回復到後場時，A球員應該儘快的擊

出另一個球，持續練習30～60秒。

**增加難度**

- 增加餵球的速度，壓縮球員B奔向網前的時間。
- 變化擊球的方向讓B球員回到網前的時間變少，球員A給B球員的擊球可以忽左忽右甚至於假動作來增加難

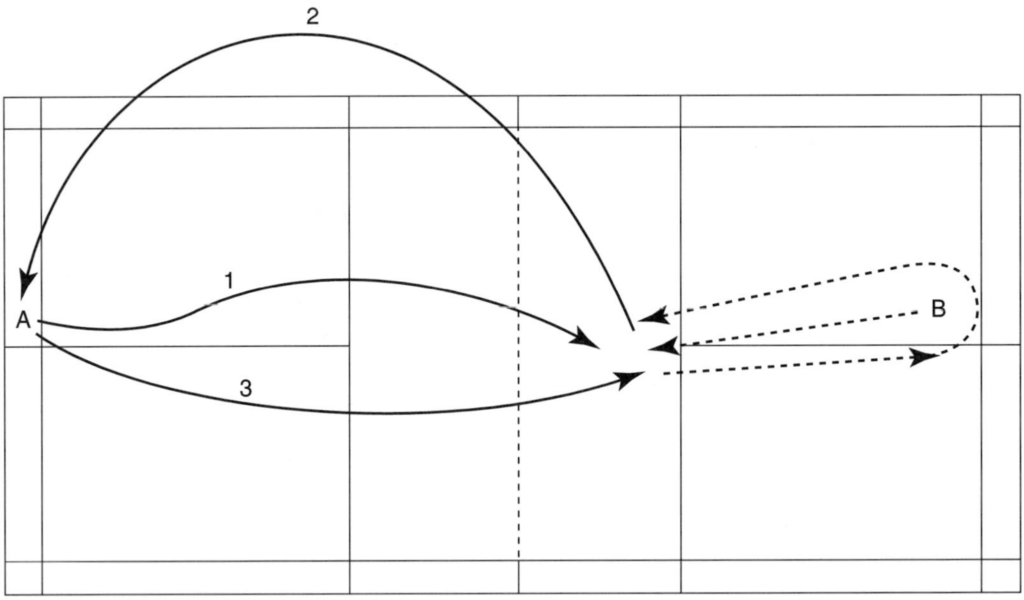

圖11.13　後場進攻練習

度。

降低難度

- 減緩餵球的速度，讓球員B有更多的回應時間。
- 提升越網球的高度給B球員，讓球員B有更多的回應時間。

成功的檢查點

- 朝著網移位時運用正確的步伐。
- 移位和恢復時保持球拍向上。

操作成功的給分

持續來回球60秒無失誤 = 10分

完成6次持續的球回球無失誤 = 5分

你的分數：________

## 體能訓練練習八　指令下的步伐移位

此練習所需要的包括錄音機、一位球員或教練，練習時有一定的時間來完成每一個動作和回復到中場，錄音機或者教練下達準備的指令（向前或後退）緊跟著隨機的執行指令（正手或反手），每一指令間停頓1～2秒，當聽到向前正手的指令時就向網前移位，做出正手擊球的揮拍動作，當聽到向後反手的指令時就向後移位至反手或右後角落位，向後反手的指令指的是向後移位到左邊或反手的角落，然後向前反手的指令指的是向前移位至前左位或網前的反手角落位。

以準備姿勢在中場位置，隨機的順序去觸及場區的四個角落，每次完成觸擊後要回到中間的位置，運用慣用臂和

腿轉身向前運用側併步的移位，交叉步只有用在反手邊而不是正手邊。

在羽球場上移位時要遵循口頭的指令和手勢，圖11.14是八個方向的動作程序樣本：

1. 向後正手
2. 向前正手
3. 向後反手
4. 向前反手
5. 向前正手
6. 側面反手
7. 向前反手
8. 側面正手

此練習也可以用較慢的速度來操作，爲的是要強調正確的足部動作，每次移到指定的區域時要模擬一個擊球的動作，完成模擬擊球動作後要儘快回復到中場位置，要完成3次的持續練習。

## 增加難度

• 在任何程序下操作時，增加觸擊的次數。

• 縮短指令間的時程。

• 增加其他的指令譬如右邊、側面和左邊。

• 運用滑步來替代側併步。

• 在完成每次動作後，轉身併步跳躍和虛擬擊球動作，回復到中場，這個跳躍的動作很耗能量，所以在操作時要掌控身體的平衡，特別是落地時的平衡。

## 降低難度

• 任何程序操作時減低觸及的次數。

• 走路或是放慢速度。

• 教練運用手勢來指引動作方向。

## 成功的檢查點

• 空手持拍運用慣用手來觸地。

• 以慣用腳來引導。

• 在每次的觸擊後模擬揮拍擊球的動作。

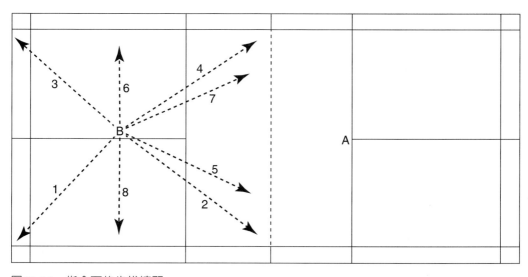

圖11.14 指令下的步伐練習

在30秒內觸擊4個角落10次以上 = 10分

在30秒內觸擊4個角落6～9次 = 5分

在30秒內觸擊4個角落1～5次 = 1分

你的分數：＿＿＿＿＿＿

## 體能訓練練習九　按照號碼

這是一個較精進的練習，需要一部錄音機，每個動作和回復中場都有固定的時間，當錄音機隨機報出一個數字，每一個數字間有1～2秒的停頓時間，每個數字代表場上的位置。

- 1號指的是向網前移位或正手。
- 2號指的是向後移位至正手或右後角落。
- 3號指的是向後至左邊或反手角落。
- 4號指的是向前至前左位或網前的反手角落。

一個數字程序的樣本：

1, 2, 422, 14, 34, 21, 244

站在中場準備位置當錄音機的訊息指令下達後，以隨機的順序觸擊場區的四個角落，每次觸擊後要回復到場中央位置，特別強調正確的步伐和動作的速度，以正常的速度來操作此練習。

運用慣用臂和腿來轉身向前，並以側併步移位，交叉步只應用在反手邊而非正手邊，儘量運用更多的數字來操作此練習。

### 增加難度

- 縮短每次報數字間的時程。
- 每次觸擊之後模擬揮拍擊球的動作。
- 在完成每次動作後，轉身併步跳躍和虛擬擊球動作，回復到中場，這個跳躍的動作很耗能量，所以在操作時要掌控身體的平衡，特別是落地時的平衡。

### 降低難度

- 放慢叫數字的速度，走路或緩慢的移位。

### 成功的檢查點

- 空手操作運用慣用手來觸地。
- 以慣用手來引導。

30秒內觸擊4個角落15次以上 = 10分

30秒內觸擊4個角落少於15次 = 5分

你的分數：＿＿＿＿＿＿

# 動作和反應

新的計分方式迫使球員要專注在一致性上，而且比賽時盡可能不要失誤是必須的，目的是要增強擊球的素質，優秀的球員在保持高品質的擊球選項和執行時，也要注意到擊球的一致性。

練習時餵球者控制球的飛行速度

和路徑，球員做出回應要因應配速的增減時間，重要的是球員在完成練習後要有成就感，餵球者應該要維持一定的餵球水平，也就是要讓球員保持來回球的持續，而不是給球員超乎正常的餵球，優秀的球員必須要學習怎麼持續來回球，餵球者必要時舒緩或增強餵球的速度，讓球員能夠去發展他的一致性和體力，教練應該能夠給予球員的正面增強回饋，確定球員瞭解全力以赴的練習和馬馬虎虎練習的區別，在每次的回擊吊小球後，球員必須回到場中央，複製比賽的情境並增強球員體驗比賽情境速度的能力，每次擊球後也要練習變向和還原的動作，教練從旁觀察球員的方向變化，應該要注意到重量的轉移和加速，這也間接地指出球員的體能訓練的狀態，耐力對於運動員疲勞的時候會變得非常重要，因為一致性會降低甚至完全消失。

以下的體能訓練是以循環訓練的模式來呈現，每次5分鐘的11種練習，然後再進入下一站，強調的是反應時間、速度、爆發力。

## 1. 在小長方形內平抽球和推球練習

兩位技術水平相當的球員，來回的平抽球，加上隨機的推擊球至對手的肩膀後方，球員計分並使用半場，球員只可以在前發球線和雙打的長發球線之間來相互的擊球，練習5分鐘強調每位球員必須要不斷地改變策略，嘗試著去發現能夠讓對手失衡的擊球方式。

## 2. 耐力和力量

A球員站在左發球區擊出高遠球，落在單打邊線內10英寸（0.25公尺）的位置，球員B擊出對角深遠球至對方的角落，強調的是擊出深遠球必須要具備的力量的鍛鍊，當球員更上層樓時他們也可以試著打出進攻式的高遠球，兩分鐘練習後球員角色互換。

## 3. 防守和進攻練習

(1)球員A扣殺至任何的一邊，然後球員B高遠回球，兩分鐘後球員角色互換，重複練習。

(2)球員A直線平抽球，然後球員B對角平抽球，兩分鐘後球員角色互換，重複練習。

(3)球員A直線吊小球，球員B對角吊小球，兩分鐘後球員角色互換，重複練習。

## 4. 爆發性的動作

餵球者餵球給球員練習網前吊小球，球員每邊直線吊小球50球，每邊對角吊小球50球，餵球者用手拋深遠球會造成球員向網前移位的難度較高，至於不可能的吊小球，餵球者餵球時球員站在太後場的位置，當球員抵達吊小球位置時，球的高度和位置已經不恰當了，此練習在強化延展性和柔軟度，兩分鐘後球員角色互換，重複練習。

爆發性的動作練習要求球員，虛擬網前擊球動作，然後後退一步至場中央，餵球者在擊出一個快速的後方球，迫使球員必須快速的向後移位，重複至

少兩個角落的練習，球員以爆發性的動作和敏捷性迅速改變方向，一分鐘後角色互換，重複練習。

### 5. 吊小球和高遠球

A球員站在網前的右角落，B球員站在後場的左角落，C球員就餵球給兩人，要求一致性，A球員直線吊小球，B球員直線高遠球，數次來回球後B球員在變化他的擊球，直線高遠球和對角以及直線的吊小球或對角。

### 6. 變向的間歇跑

一開始十二顆球，六顆球在前方，各三顆球在中場的邊線，球員必須要向前跨步和改變方向，嘗試著將每顆球擊倒。

### 7. 二對一防守

兩位球員對一位球員擊球五分鐘，包括扣殺、吊小球和進攻式的高遠球，兩位球員前後位站立。

### 8. 二對一進攻

單一球員扣殺、吊小球和進攻式的高遠球，兩位球員並排站立練習防守。

### 9. 三對一防守

兩位球員站在前方，一位球員在後方，單一球員練習防守。

### 10. 側向扣殺，對角回球

側向扣殺是要求一致性，對角回球重點在還原和對回球做出反應，對身體素質要求後就強調控球的穩定性，扣殺可以從場區的兩邊來操作，要以對角的回球來回擊，可以將平抽回球改變成高遠回球來增加難度。

### 11. 側邊過頂對角回球

此練習是在針對操作過頂擊球後的恢復動作，強調身體重量的迅速轉移和方向改變，球員在執行過頂扣殺時，隊友回以對角回球，球員在執行平抽回球至相同的線上，球員的目標是十次擊球三回合，允許五次的嘗試，操作此練習在網前的兩個角落。

## 體能訓練的成功結論

一個結構性的羽球體能科目是多樣性的，主要是看球員當下的體適能和技術水平而定，任何的羽球選手具備了較佳的體能後就可能變成一位較佳的選手，肌力和肌耐力是整個體適能的重要元素，在羽球場上，他們能夠協助改進球員場上的速度敏捷性和爆發力。

得分在75分以上表示你已經勝任了此步驟，得分低於75分就必須重複

的練習不足之處，要求教練或隊友從旁觀察評估你的技巧。

此時你已經完成了學習羽球循序漸進的過程，《羽球：邁向卓越》每一單元之間環環相扣，對於成為一位優秀的選手有絕對的幫助，基本動作和比賽的策略能夠分析你在羽球場上的作為，建議增加練習的難度來配合進步的幅度，錯誤的步驟則指出球員在學習羽球時經

羽球
邁向卓越

體能訓練練習

1. 裝著50顆球的箱子                           10分得____

2. 正手高遠球和反手吊小球                 10分得____

3. 三次擊球持續來回擊球                    10分得____

4. 對角的三次持續來回擊球                 10分得____

5. 六次步伐來回移位練習                    10分得____

6. 快速的進攻                                    10分得____

7. 快速的後場進攻                              10分得____

8. 指令下的步伐移位                          10分得____

9. 按照數字                                      10分得____

**總分：**                                          90分得____分

歷的傳統問題，並提出改進錯誤的建議。

恭喜你已經到達了羽球的巔峰：攀向成功階梯的步驟，繼續的研讀提問觀察和模仿優秀球員，最重要的是練習和比賽。《羽球：邁向卓越》介紹了羽球成功的方程式，其他的元素是你的才華、熱情和個性。

# 名詞解釋

**巷弄（alley）**

邊巷弄（side alley）指的是場區兩邊單打邊線和雙打邊線間之區域，邊巷弄是15英尺（0.46公尺）寬，是雙打比賽的合法場區，單打比賽是界外球。後巷弄（back alley）是一兩英尺半寬的場區，是雙打後發球線和底線之間的區域，任何雙打發球落於此區都是界外球，發球後的回球，球落於此區是界內球。

**繞頂擊球（around-the-head stroke）**

羽球回球的方法之一，是球員使用正手在非慣用手的頭頂上擊球。

**底線（單打的後發球線）**

**（back boundary line）**

類似網球的底線，主要是指羽球場區的底線。

**後場（backcourt）**

大約距離底線11英尺（3.35公尺），網前的兩邊至底線之間的區塊。

**反手拍（backhand）**

任何在非慣用手邊的擊球。

**反手握拍（backhand grip）**

非慣用手邊的回球握拍方法，通常是以握手或持短槍的形式，慣用手的大拇指壓在握把左面的位置。

**向後引拍（backswing）**

向前擊球時，球拍向後拉的準備動作。

**世界羽球總會**

**（Badminton World Federation）**

世界羽球比賽的最高行政機關，前身是國際羽球總會，2006年11月改為世界羽球總會。

**中場（base）**

靠近比賽場區的中央部位，通常球員在每次擊球後，都要回復到該位置。

**底線（Baseline）**

比賽場區的最後的一條界線。

**羽球（Bird）**

運用羽球拍在網上來回打擊的物體，原文正名叫做shuttle或shuttlecock。

**持球（carry）**

回球時，球有停留在球拍網線上的現象，但是是合法的一次擊球動作，球越網進入對方場區算好球。

**擊高遠球（clear）**

高飛擊球飛越到後場稱之。

**對角線擊球（crosscourt）**

回球至場區的對角位置。

連擊（double hit）

犯規動作，一次的擊球動作連續觸球兩次的情況稱之。

雙打發球區（doubles service court）

羽球場的兩邊都有右發球區和左發球區，雙打的發球區有前發球線、中線、雙打邊線和雙打後發球線，形成雙打發球區，此區的面積是3英尺（3.96公尺）×10英尺（3.05公尺）。

平抽球（drive）

擊球回球，球的拋物線幾乎與地面平行，但是高度要能飛越網上方為原則。

發平抽球（drive serve）

發球時，出手速度快又平，通常是朝著接球者的非慣用手方向，在雙打比賽使用較多。

網前吊小球（drop shot）

可以運用高手、低手、網前或後場來擊球，擊出的球剛好越網而過，朝著地面下墜。

犯規（fault）

任何違反規則的動作或行為。

快速弧圈發球

（flick serve or flick return）

運用手腕快速將球弧圈的高度，超越對手至對方場區的後方，通常是在雙打時，對手穩定的向前撲球時使用。

跟進動作（follow-through）

在球拍擊球後的連續性動作。

正手拍（forehand）

運用慣用手邊的擊球稱之。

正手握拍（forehand grip）

慣用手邊擊球的握拍方式，握手式或持短槍式是目前最流行的正手握拍法。

前場（frontcourt）

兩邊的網前大約11英尺（3.35公尺）的區塊，英文又稱之forecourt。

局（game）

羽球比賽無論是男子單雙打、女子單雙打或是混雙，每一局都是21分。

髮夾式吊小球（hairpin drop shot）

吊小球的方式的一種，從靠網的位置將球從一邊擊球過往吊到另一邊，球的飛行拋物線很類似一個髮夾的形狀。

一方保持發球權的時間（inning）

準備發球的時間。

國際羽球總會

（International Badminton Federation）

世界羽球比賽的最高行政機關。

不計分重打（let）

比賽時突然的干擾行為造成比賽中斷，該分不計重打。

零分（love）

計分時給零分。

零比零（love-all）

比賽開始雙方的得分。

**比賽**（match）

一場比賽通常包括指定的局數，羽球比賽三局中贏兩局才算贏得該場比賽。

**賽末點**（match point）

贏得該場比賽最後的得分。

**混雙**（mixed doubles）

男女混合雙打之簡稱。

**觸網球**（net shot）

任何的球觸及到網飛越到對方場區，也適用在網前吊小球的回球。

**過頂擊球**（overhead）

任何在高於頭部的位置擊球。

**刁鑽的回球落點**（placement）

回球到對手場區特定的一點，造成對手回球的難度。

**回推球**（push shot）

很輕柔的回球到對方的場區，通常是在雙打時穿越靠網對手的擊球方法。

**來回球**（rally）

雙方球員在未判定得分時，隔網的來回擊球。

**準備姿勢**（ready position）

在中場等球的基本預備姿勢，中場距離四個角落是等距離，採用此姿勢球員在回球時，可以在可能任何的落點去回擊。

**接球**（receiver）

任何接發球的動作。

**回球**（return）

任何擊回對手來球的動作。

**發球**（serve or service）

雙方在得分前的一個動作或是來回球的一個開始動作。

**發球者**（server）

發球的球員。

**發球區**（service court）

半場區內劃分成兩個相等的長方形區塊，分為右發球區和左發球區，在單打和雙打時使用。

**發球結束**（service over）

失去發球權，對方取得發球權。

**前發球線**（short service line）

前發球線指的是發球區的前緣，距離網前6英尺6英寸（1.98公尺）。

**羽球**（shuttle or shuttlecock）

羽球賽所用的火箭，另一英文名稱 bird。

**換邊發球**（side out）

失去球權也就是對方取得發球權。

**單打發球區**（singles service court）

每一個羽球的場區都有單打和雙打的發球區，面積是15.5英尺（5.03公尺）×8.5英尺（2.59公尺）。

**單打邊線**（singles sideline）

單打比賽時的界線，單打場地兩邊邊線之間的距離是17英尺（5.18公尺）。

**扣殺**（smash）

強而有力的過頂回擊，擊球角度由

上向下快速揮拍擊球進入對方場區。

## 擊球（stroke）

用球拍擊球的動作。

## 托瑪斯盃（Thomas Cup）

男子的國際羽球團隊比賽，類似網球的台維斯盃，第一次比賽是在1948年舉辦，兩國之間要打六場單打和三場雙打，每隔兩年在偶數年來舉行。

## 沃博盃（Uber Cup）

女子的國際團隊比賽，1957年開始舉辦，是以前英國著名的羽球選手沃博太太（Mrs.H.S.Uber）來命名，同樣的也是每隔兩年在偶數年舉行。

## 美國羽球（USA Badminton）

美國國內羽球最高的行政單位，1936至1977年是它的前身叫美國人羽球協會，之後又改名為美國羽球協會，1996年才改為現在的名稱美國羽球，是以會員制的型態來經營。

## 擦邊球（wood shot）

這種擊球法是因為擊球時拍框觸擊球頭未能擊中網線造成，1963年的羽球規則認定它是合法的擊球。

羽球
邁向卓越

# 其他資訊

## 書本

Ballou, R.B. 1992. *Badminton for beginners*. Englewood, CO: Morton.

Bloss, M.V., and R.S. Hales. 1990. *Badminton*.6th ed. Dubuque, IA: Brown.

Grice, T. 2007. *Badminton*. 6th ed. Boston, American Press.

Lo, D., and K. Stark. 1991. The badminton overheadshot. *National Strength and Conditioning Association Journal*. 13, 4: 6-13, 87-89.

Schoppe, D. 1997. *Badminton for physical education and beyond*. Manhattan Beach, CA: HLCorp.

Sweeting, R.L., and J.S. Wilson. 1992. *Badminton: Basic skills and drills*. Mountain View, CA: Mayfield.

Wadood, T., and K. Tan. 1990. *Badminton today*. St. Paul: West.

## 器材設備

羽球的器材設備的價位和品質有很大的落差，以下是美國兩大著名的羽球供應廠商：

(1) Louisville Badminton Supply
1313 Lyndon Lane, Suite 103
Louisville, KY 40222
502-426-3219
www.angelfire.com/biz/lbs/index.html

(2) San Diego Badminton Supply
2571 S. Coast Highway 101
Cardiff by the Sea, CA 92007
760-633-1996 or 1-888-badminton
www.badminton.net

還有優尼士（Yonex）、威爾森（Wilson）和卡爾頓（Carlton），都是國際知名的羽球供應商。

# 作者簡介

**湯尼・格利斯（Tony Grice）**擔任羽球球員和教練超過40年，他在美國全國的單打排名15名，雙打排名11名，1998年美國羽球大師賽單打冠軍，1998和1999年美國大師賽雙打冠軍，2003年美國長青羽球錦標賽他贏得55歲以上單、雙打亞軍，2008年美國的全國羽球錦標賽，他獲得長青組40歲組混雙冠軍和60歲組男子雙打冠軍。

格利斯從1973至1975年擔任路易斯安那州西北州立大學（Northwestern State University of Louisiana）女子羽球隊總教練，1975年他的兩位隊員獲得路易斯安那州的8位女性運動獎學金，1987年格利斯擔任美國羽球國家隊教練和運動防護員，參加在中國北京舉辦的世界羽球錦標賽，此外，他擔任羽球隊的運動生理學指導員長達10年之久（1988-1999），包括指導位於克羅拉多州的美國奧林匹克訓練中心（U.S. Olympic Training Center in Colorado Springs）的研究論文，格利斯從1987至1993年間服務於美國羽球主任委員會，1989年在奧克拉荷馬市舉行的奧林匹克運動競賽，他擔任南方隊的教練，並且擔任1993至1995年奧林匹克運動競賽的羽球裁判，從1998年迄今，格利斯一直是美國大學競技運動協會羽球委員會（NCAA committee for USA Badminton）的主席，也是美國羽球教育基金會的成員、美國羽球和南方羽球協會的終身會員。

格利斯目前是密西西比州克里芙蘭市迪爾塔州立大學（Delta State University in Cleveland, Mississippi）健康體育休閒系的副教授，他出版過兩本羽球教科書，其中一本是以六國的語言來發行，現在他仍然任教於迪爾塔州立大學。

國家圖書館出版品預行編目資料

羽球：邁向卓越／Tony Grice著；許明彰譯.
－－初版.－－臺北市：五南, 2016.10
　面；　公分
譯自：Badminton: steps to success
ISBN 978-957-11-8814-0 (平裝)

1.羽毛球

528.959　　　　　　　　　105016191

5C15

# 羽球：邁向卓越

| | |
|---|---|
| 作　　者 — | Tony Grice |
| 策　　劃 — | 國家運動訓練中心 |
| 主　　編 — | 邱炳坤 |
| 譯　　者 — | 許明彰 |
| 發 行 人 — | 楊榮川 |
| 總 編 輯 — | 王翠華 |
| 主　　編 — | 陳念祖 |
| 責任編輯 — | 李敏華 |
| 封面設計 — | 陳翰陞 |

出 版 者 — 五南圖書出版股份有限公司

地　　址：106台北市大安區和平東路二段339號4樓

電　　話：(02)2705-5066　　傳　　真：(02)2706-6100

網　　址：http://www.wunan.com.tw

電子郵件：wunan@wunan.com.tw

劃撥帳號：01068953

戶　　名：五南圖書出版股份有限公司

法律顧問　林勝安律師事務所　林勝安律師

出版日期　2016年10月初版一刷

定　　價　新臺幣380元